Iburg

Koch’s noch einmal, Mama.

Die Autorin

Anne Iburg kocht schon seit ihrer Kindheit leidenschaftlich gerne. Mit der Ausbildung zur Diätassistentin und einem anschließenden Studium der Oecotrophologie machte sie die Ernährung auch zu ihrem Beruf. Mit ihrem Sohn Niels hielten zunächst die Babybreie Einzug in ihre Küche. Dazu schrieb sie den Beststeller »Die besten Breie für Ihr Baby«. Und gemeinsam mit Niels »wuchsen« dann auch die Rezepte – es folgten »Die besten Gerichte für Ihr Kleinkind«. Inzwischen geht Niels in die Schule und hat natürlich keine Lust mehr auf »Kinderkram«. Coole Rezepte müssen her, mit denen man sich auf dem Pausenhof nicht zu verstecken braucht.
Und damit es in der Vesperbox nicht langweilig wird, schnippelt, kocht und experimentiert Anne Iburg weiterhin mit großer Leidenschaft – die besten Ergebnisse finden Sie gesammelt in diesem Buch. Anne Iburg lebt und arbeitet mit ihrer Familie als Food-Journalistin und Autorin in Kaiserslautern.

Anne Iburg

Koch's noch einmal, Mama!

Die besten Rezepte für Kinder – mit Aufess-Garantie!

TRIAS

tea fruit tea

◄ Kürbis-Burger (Seite 60)

Liebe Eltern ...

Wenn Ihre Kinder immer gerne alles essen würden, was auf den Tisch kommt, würde es dieses Buch nicht geben. Haben auch Sie den Wunsch, dass Ihre Familie am Esstisch sitzt und niemand mäkelt und allen schmeckt es? Ist das machbar oder eher ein unrealistisches Ziel? Dieses Buch will Sie in Ihrem Wunsch unterstützen. Dabei soll nicht verheimlicht werden, dass es ein hartes Stück Arbeit ist, Gerichte zu finden, die wirklich von allen gern gegessen werden. Es geht unter anderem auch darum, Ihren Anspruch zwischen Wunsch und Wirklichkeit auf ein vernünftiges Niveau zu bringen. Mindestens 3-mal am Tag geht es um die Frage: »Was mache ich meiner Familie zu essen?« Es soll schnell zubereitet und gesund sein und ganz nebenbei soll es auch noch allen schmecken. Dabei sind die Geschmäcker innerhalb einer Familie so verschieden.

Morgens geht der Zirkus schon los: Der Morgenmuffel will kein Brot kauen und am liebsten bis auf die letzte Minute im Bett liegen bleiben. Der Feinschmecker bringt immer sein Pausenbrot aus der Schule mit. Rohkost und Vollkornbrot werden, je älter Schulkinder werden, umso unbeliebter. Sie wollen Süßigkeiten. Dies ist in vielen Familien ein Thema, oder auch, wie man mit Gemüsemuffeln umgeht, wie man einen Monoesser dazu ermutigt, abwechslungsreich zu essen.

In diesem Buch finden Sie Gerichte für jeden Tag: Mahlzeiten für mittags und abends, gesunde Snacks für zwischendurch und abwechslungsreiches Frühstück. Auch für besondere Events wie das Grillen oder Fondue und Raclette finden Sie Rezeptanregungen. Die Rezepte gehen darauf ein, dass beide Elternteile berufstätig sind und die Zeit knapp bemessen ist. So finden Sie ein Kapitel, in dem es darum geht, dass Kids verstärkt beim Kochen helfen. Dieses Buch ist ein Rundumschlag für alle Familien mit Schulkindern. Sie werden mit gutem Gewissen kochen und essen!

Grundvoraussetzung für eine gesunde Ernährung ist, dass das Kochen für Kinder Spaß macht. Gleichzeitig entmutigen Kinder häufig ihre Eltern, wenn sie am liebsten Spaghetti mit Ketchup oder eine Tiefkühlpizza essen möchten. Da fällt es schwer, auf Dauer Spaß am täglichen Kochen zu haben. Hilfreich ist die Regel »Alles was ich koche, schmeckt auch mir!« Das hört sich egoistisch an, ist es aber nicht. Wenn Sie »gesund« für Ihre Familie kochen möchten, macht es Sinn, auch Ihre »gesunden« Vorlieben mit Begeisterung zu kochen und zu essen. Der Rest der Familie wird dann mit der Zeit neugierig und mit hoher Wahrscheinlichkeit so manches Ihrer Lieblingsgerichte auf die eigene Favoritenliste setzen.

Es würde mich freuen, wenn das Buch die Essproblemchen in Ihrer Familie zu lösen hilft und die Rezepte von möglichst all Ihren Familienmitgliedern mit Genuss gegessen werden. Viel Spaß beim Schmökern im Buch und Ausprobieren der Rezepte. Aber vor allem: einen guten Appetit und noch mehr Spaß am gemeinsamen Esstisch.

Ihre
Anne Iburg

Ideal für Kind und Kegel

Das, was wir essen und trinken, hat einen großen Einfluss auf unsere körperliche Fitness, geistige Leistungsfähigkeit und unser seelisches Wohlbefinden. Die Rezepte in dem Buch sind so ausgewählt, dass sie nicht nur Wachstum, Entwicklung und Gesundheit von Kindern und Jugendlichen optimal gewährleisten, sondern auch für Erwachsene prima geeignet sind.

Gesundes Essen für die Familie

Obwohl wir die besten Voraussetzungen haben, unsere Kinder optimal zu ernähren, sieht es in der Realität etwas anders aus. Noch nie war es so einfach, an Lebensmittel heranzukommen. Die Auswahl an Vorgefertigtem erschlägt einen und verführt zum Kauf von Fertiggerichten. Auch Lebensmittel mit der Geschmacksrichtung »süß« sowie Snacks gibt es an jeder Ecke zu kaufen.

Sowohl wir selbst als auch unsere Kids essen zu viel Fett, Eiweiß und einfache Kohlenhydrate. Gewünscht wären mehr komplexe Kohlenhydrate und Ballaststoffe. Die Ursachen sind vielfältig: Das Warenangebot ist groß, doch werden Unmengen an fettreichen und zuckerreichen Lebensmitteln angeboten und stark beworben. Gehen Sie mal mit offenen Augen durch den Supermarkt und Sie werden mir zustimmen: Fertig- und Halbfertiggerichte, Frühstückscerealien, abgepackte Brote aus Auszugsmehlen, Joghurts mit Fruchtgeschmack, Süßgetränke – all das nimmt den meisten Platz ein. Das Sortiment an Süßigkeiten, Schokoladen, Keksen und salzigen Knabberartikeln ist um ein Vielfaches größer als die Obst- und Gemüseabteilung.

Mit dieser Verdeutlichung möchte ich Ihnen klar machen, dass ein starker Wille dazu gehört, sich von gesünderen Grundnahrungsmitteln zu ernähren. In der Ernährungspsychologie gibt es den Begriff »winkende Lebensmittel«. Und genau das umschreibt, was die »modernen Lebensmittel« – damit sind die Produkte, die seit der Nachkriegszeit unsere Lebensmittelauswahl so bunt machen – tun. Diese Produkte winken uns unbewusst zu und lösen in einer schwache Minute das Kaufbedürfnis aus. Sie suggerieren, dass Sie mit dem Kauf oder Verzehr dazugehören – Sie sind Teil einer Käufergemeinschaft, die trendig ist, auf der Höhe der Zeit ist, sich etwas Besonderes leisten kann. Wir werden unbewusst positiv emotional angesprochen, mit dem Kauf oder Verzehr sind wir schön, glücklich, hip, cool und fühlen uns aufgehoben. Dagegen kommen der gesunde Apfel oder die langweilige Kartoffel nicht an. Grundnahrungsmittel sprechen viel schwächer unsere Emotionen an. Sie werden aus Gewohnheit – meist von der Herkunftsfamilie erlernt – gekauft und unterliegen rationalen Kaufentscheidungen.

Einkaufen mit Plan

Da das Gefühl meist über den Verstand siegt, finden wir auch immer wieder »unnötige und ungesunde Lebensmittel« in unserem Einkaufswagen. Beim einen hält sich dies in Grenzen und beim anderen ist jegliches Gefühl für eine Grenze verloren gegangen. Nun, nur Sie selbst können einschätzen, inwieweit Sie vernünftig einkaufen. Um möglichst wenig von den winkenden Lebensmitteln in den Bann gezogen zu werden, sind folgende Tipps hilfreich:

- Ohne Einkaufszettel wird nicht eingekauft. Die Einkaufsliste ist die Richtlinie, nach der eingekauft wird. Nicht die Angebote oder der knurrende Magen beeinflussen Ihr Einkaufverhalten.
- Ein guter Einkaufszettel braucht als Basis einen Speiseplan. Denn wenn Sie nicht wissen, was Sie kochen wollen, dann ist der Einkaufszettel meist sehr lückenhaft. Überlegen Sie also schon vor dem Einkauf und nicht erst im Supermarkt, was Sie kochen möchten und welche Vorräte aufgefüllt werden müssen.
- Gehen Sie möglichst alleine einkaufen. Denn Kinder finden immer etwas, was sie unbedingt kaufen müssen, weil der Schulkamerad davon

WISSEN

Die Einkaufsliste

Checken Sie den Inhalt Ihres Einkaufswagens: prima ist ein hoher Anteil an unverarbeiteten Grundnahrungsmitteln.

- frisches Gemüse oder auch, je nach Jahreszeit, Tiefkühlgemüse
- Obst – saisonale und regionale Produkte
- Brot mit hohem Vollkornanteil
- Haferflocken, andere Getreideflocken oder Müsli auf Basis von Flocken anstelle von Frühstückscerealien
- Aufschnitt und Fleisch, Milch, Milchprodukte ohne Zucker, Butter, Sahne, Käse etc.
- Fisch und nicht nur Fischstäbchen

erzählt hat, und das ist normalerweise nicht der gesunde Apfel …

- Einkaufen zum Erlebnis machen. Obst und Gemüse auf dem Wochenmarkt zu kaufen, macht einfach Spaß. Ich belohne mich samstags morgens mit dem Einkauf auf dem Wochenmarkt und die Berge von knackigem Gemüse und herrlich buntem Obst lösen bei mir emotional so etwas wie »heile Welt« aus.
- Ein anderer Erlebniseinkauf sind Hofläden. Beides kann zum Familien-Event werden. Mein Sohn geht noch gerne mit und genießt mit mir den Kauf von regionalen Produkten.
- Einkaufen ist sicherlich eine Frage des Geldbeutels. So sind Gemüse und Obst im Discounter eine preiswerte Alternative. Auch wenn sie in der Regel nicht aus der Region stammen, sind sie aufgrund des hohen Umsatzes und kleinen Sortiments frisch und gesund.

Gesund oder ungesund …

… das ist hier die Frage. Und sie gehört zu den undankbarsten Fragen, da der Fragende meist eine klare Antwort erwartet, der gefragte Experte aber ganz weit ausholt und dabei nicht klar differenziert. Zuerst einmal bezieht sich in der Ernährungswelt das Wort »gesund« mehr auf den Menschen als auf das Lebensmittel. Denn im Klartext gibt es keine gesunden und ungesunden Lebensmittel und dies löst das ganze Drama aus. Entscheidend ob jemand gesund oder ungesund isst, hängt von der Zusammenstellung des Speiseplans ab und nicht von einzelnen Lebensmitteln. Das Forschungsinstitut für Kinderernährung hat dies in drei Grundsätzen auf sehr einfache Art und Weise zusammengefasst:

- Reichlich Obst und Gemüse sowie Brot essen.
- Mäßig Milch und Milchprodukte, Käse, Fleisch, Wurst, Fisch und Eier essen.
- Sparsam fettreiche Lebensmittel und Süßes essen.

Die Deutsche Gesellschaft für Ernährung (DGE) propagiert zehn Regeln. Und die lauten:

- Vielseitig essen!
- Reichlich Getreideprodukte und Kartoffeln.
- Gemüse und Obst 5-mal am Tag.
- Täglich Milch und Milchprodukte, 1- bis 2-mal Fisch pro Woche, Fleisch, Wurstwaren sowie Eier in Maßen.
- Wenig Fett und fettreiche Lebensmittel.
- Zucker und Salz in Maßen.
- Reichlich Flüssigkeit.
- Schmackhaft und schonend zubereitet.
- Sich Zeit nehmen und genießen.
- Aufs Gewicht achten und in Bewegung bleiben.

Ob Sie nun die drei Regeln wie ein Mantra auswendig lernen und immer vor sich her brummen oder sich mit den zehn Regeln beschäftigen, letztlich kommt es aufs Gleiche raus. Die richtige Interpretation dieser Regeln wird Ihnen nun detaillierter erklärt und beantwortet damit hoffentlich die Frage, was gesunde Ernährung ist. Vorweg möchte ich noch betonen, dass niemand erwartet, dass man jeden Tag »Gold« beim Umsetzen der Regeln gewinnt. Essen soll und muss in erster Linie Spaß machen. Fehlt der Spaßfaktor, fehlt auch die Motivation. Mich würde es freuen, wenn Sie Ihre eigenen Regeln aufstellen und diese an Ihrem Einkaufs-, Koch- und Essverhalten überprüfen.

Vielseitig essen! Klar – oder doch nicht? Aus nährstoffreichen Lebensmitteln wie Obst, Gemüse, Vollkorn-

und Milchprodukten sowie Fleisch, Fisch und Ölen und energiearmen Lebensmitteln, also nicht Knabberartikel, Kuchen oder Schokolade soll abwechslungsreich und ausgewogen gegessen werden. D.h. kochen mit Grundnahrungsmitteln und ein bisschen Süßes, wie z.B. ein Riegel Schokolade oder der Nuss-Nougat-Aufstrich auf dem morgendlichen Brot sind im angemessenem Rahmen erlaubt.

Reichlich Getreideprodukte und Kartoffeln: Brot, Reis, Nudeln und Getreideflocken, am besten nur Vollkorn, enthalten sehr viele sättigende Kohlenhydrate, kaum Fett, aber dafür viele Vitamine aus der B-Gruppe, Zink und Eisen sowie Ballaststoffe und sekundäre Pflanzenstoffe. Kartoffeln, bevorzugt in Form von Salz-, Pellkartoffeln oder in Aufläufen und Suppen, enthalten hochwertiges pflanzliches Eiweiß, wenig Fett und sättigende Kohlenhydrate. Kartoffeln sind reich an Vitamin C und B_6 sowie an Kalium und Magnesium. Zu den Hauptmahlzeiten sollten Sie sich für sich und Ihre Familie für ein Grundnahrungsmittel aus dieser Gruppe entscheiden.

5-mal am Tag Obst und Gemüse: Täglich fünf Portionen Obst und Gemüse zu essen, stellt für viele Menschen eine Herausforderung dar. Zur Bestimmung der Menge wird das Handmaß verwendet. Also, so viel wie in Ihre Hand passt, das ist eine Portion. Obst und Gemüse sind reich an Vitaminen, Mineralstoffen und sekundären Pflanzenstoffen. Außerdem tragen sie zu einem erheblichen Teil zur Ballaststoffversorgung bei. Damit das Ziel erreicht werden kann, sollte schon zum Frühstück ein selbstgepresster Saft getrunken oder ein Stück Obst gegessen werden. Zum pikanten Brot stets Gemüse aufschneiden, wie z.B. Paprika, Möhren oder Tomaten. Klasse wäre natürlich ein Salat oder eine Rohkost. Mittags ein Gemüse- oder Hülsenfrüchteeintopf zählt als Doppelportion. Wenn Sie sich das Obst- und Gemüseessen zur Gewohnheit machen, entstehen Routinen und so werden auf Dauer auch die Gemüse- und Obstmuffel in Ihrer Familie begeistert zulangen. Das Geheimnis liegt im Schnippeln. Aufgeschnittenes Obst sowie auch Gemüse wird gerne von allen gegessen.

Täglich Gutes von der Kuh. Ob als würziger Käse oder milder Joghurt, alle Produkte aus dem Rohstoff Milch – egal ob von Schaf, Ziege oder Kuh – sind die wichtigsten Kalziumlieferanten in unserer Ernährung. Eine Schlüsselrolle nimmt Kalzium für unseren Knochenaufbau und -erhalt ein. Eine gute Kalziumversorgung von klein auf an ist wichtig. Unsere Knochen können bis zum 20. Lebensjahr am effizientesten Kalzium einlagern. Ab 30 sinkt die Knochendichte als Folge des natürlichen Alterungsprozesses. Verlieren die Knochen im Alter zu viel Kalzium und wurde in der Kindheit nicht genügend Knochenmasse aufgebaut, steigt das Risiko, an Osteoporose zu erkranken. Kalzium ist vor allem für den Aufbau starker Knochen und Zähne von Bedeutung und wird für die Blutgerinnung, Muskelkontraktion, Zellteilung und zum Energiestoffwechsel benötigt. Übrigens, ob Vollfettmilch oder Milch mit einem Fettgehalt von 1,5% – der Kalziumgehalt ist gleich. Kalziumversorgung für Kinder im Alter von 7 bis 10 Jahren (900 mg Kalzium) sind in:

WISSEN

Sekundäre Pflanzenstoffe

Hinter dem Oberbegriff sekundäre Pflanzenstoffe verstecken sich mehr als 40000 verschiedene Substanzen, die ausschließlich von Pflanzen gebildet werden. Die Pflanzen bilden sekundäre Pflanzenstoffe z.B. als Schutz- oder Abwehrstoffe gegen Schädlinge, als Farb-, Duft- oder Lockstoffe und als pflanzeneigene Hormone. Heute weiß man, dass sekundäre Pflanzenstoffe im menschlichen Körper eine Vielzahl von Schutzfunktionen ausüben. So können sekundäre Pflanzenstoffe das Immunsystem stärken, den Körper vor Entzündungen schützen, Krankheitserreger abtöten und vieles mehr. Sekundäre Pflanzenstoffe haben einen nachweislich positiven Effekt auf die Gesundheit. Viele Wirkungen sowie auch der exakte Bedarf der einzelnen Stoffe sind bisher nicht bekannt. Eine Ernährung, die reich an pflanzlichen Lebensmitteln ist und damit eine Vielzahl sekundärer Pflanzenstoffe enthält, leistet einen Beitrag zum Schutz vor Krebs und Herz-Kreislauf-Krankheiten.

- 2 Scheiben Emmentaler (40 g) + 2 Becher Kakao (400 ml) oder
- 1 Becher Milch (200 ml) + 1 Becher Fruchtjoghurt (150 g) + 1 große Portion Brokkoli (200 g) + 2 Scheiben Gouda (40 g) oder
- 200 g Vanillepudding + ½ l Buttermilch + 1 Portion Frischkäse (25 g)

1- bis 2-mal in der Woche Fisch Anstelle von Fleisch sollte mehr Seefisch gegessen werden. Er ist reich an Omega-3-Fettsäuren und den Spurenelementen Jod und Selen. Den Freitag wie früher zum Fischtag auszurufen und an dem Tag auch ganz auf Fleisch zu verzichten, ist wieder im Trend. Also, schlemmen auch Sie am Freitag mit Ihrer Familie Fisch.

Fleisch, Wurst und Eier in Maßen
Fleisch und Wurst liefert vor allem Eisen und Vitamine aus der B-Gruppe. Doch 300 bis 600 g Fleisch und Wurst reichen pro Woche aus. Auch Eier enthalten viele Mineralstoffe und Vitamine und doch reichen 2 bis 3 pro Woche.

WISSEN

Omega-3-Fettsäuren und Omega-6-Fettsäuren

Zu den mehrfach ungesättigten Fettsäuren gehören die Omega-3- und Omega-6-Fettsäuren. Aus der Omega-3-Fettsäurenfamilie braucht unser Körper sowohl die Alpha-Linolensäure (ALA) als auch die Eicosapentaensäure (EPA) und die Docosahexaensäure (DHA). Dabei muss nur die Alpha-Linolensäure zwingend über die Nahrung aufgenommen werden. Aus ihr können dann die beiden anderen Fettsäuren im Körper hergestellt werden. Dies erfolgt über ein Enzymsystem, welches auch von der Omega-6-Fettsäurenfamilie genutzt wird. Es herrscht also ein Konkurrenzkampf um diese Enzyme, bei dem gilt: Je kleiner das Verhältnis von Omega-6- zu Omega-3-Fettsäuren ist, desto größer wird die Chance, dass die wichtigen Eicosapentaensäure (EPA) und die Docosahexaensäure (DHA) synthetisiert werden können. Neben Alpha-Linolensäure ist Linolsäure (eine Omega-6-Fettsäure) essenziell (lebensnotwendig) und beide müssen über die Nahrung zugeführt werden. Dabei ist das richtige Verhältnis von den beiden Fettsäuren entscheidend.
In der heutigen westlichen Welt liegt das reale Verhältnis im Durchschnitt bei 20 : 1 von Omega-6- zu Omega-3-Fettsäuren. Folgt man den Empfehlungen der deutschen Gesellschaft für Ernährung, sollte es bei unter 5 : 1 liegen. Um dies zu erreichen, sollten Sie mit Rapsöl, Leinöl und Hanföl kochen und auf Distel- und Sonnenblumenöl verzichten. Ferner sollten Sie und Ihre Familie 1- bis 2-mal die Woche Fisch essen. Denn so nehmen Sie direkt die biologisch aktiven Omega-3-Fettsäuren Eicosapentaensäure (EPA) und Docosahexaensäure (DHA) auf.

Fett? Weniger ist mehr! Fett ist mehr als doppelt so energiereich wie Kohlenhydrate und Eiweiß, daher sollte mit diesem Nährstoff sparsam umgegangen werden. Butter sollte dünn aufs Brot gestrichen werden. An Öl für die warme und kalte Küche sollten schwerpunktmäßig Raps- und Olivenöl verwendet werden. Sie enthalten ungesättigte Fettsäuren. Gewichtsprobleme machen eher versteckte Fette in Fleischerzeugnissen, Milchprodukten, Süßwaren und Gebäck.

Zucker und Salz in Maßen Möglichst sparsam mit Zucker beim Kochen und Backen umzugehen, ist ein Faktor, doch die wahren Zuckerfallen sind süße Getränke und Kuchen, Gebäck, Kekse und andere Süßigkeiten und nicht zuletzt die angeblich gesunden Frühstückscerealien, die bis zu 50 % Zucker als Energieträger ausmachen. Mit Salz sollen Sie sparsam umgehen und viel mit Gewürzen und Kräutern würzen. Verwenden Sie Salz, das mit Jod, Fluorid und Folsäure angereichert ist.

Trinken, trinken, trinken Unser Körper besteht zu 70 % aus Wasser. Wasserverluste von 2 % lösen schon Kopfweh und ein Gefühl von Schlappheit aus. Daher ist es wichtig, regelmäßig über den Tag verteilt zu trinken. Der beste Durstlöscher ist Wasser und geeignet sind ebenfalls kalorienarme Getränke wie Früchte- und Kräutertees sowie sehr stark verdünnte Saftschorlen. Erwachsene brauchen im Schnitt 1,5 l pro Tag. Schulkinder kommen mit 1 l aus.

Schmackhaft und schonend! Über Geschmack lässt sich nicht streiten. Ich hoffe, meine Rezepte gefallen Ihnen. Schonend zubereitet sind sie.

Zeit nehmen und genießen Der Familientisch in der Küche oder dem Esszimmer sollte eine Oase der Erholung sein. Dort sollten alle zur Ruhe kommen und das Essen gemeinsam genießen.

Auf das Gewicht achten und in Bewegung bleiben In der Familie hat jeder ein Recht auf Freizeit und diese sollte sinnvoll mit Sport oder Bewegung gefüllt werden. Wenn Sie sich nach den zehn Regeln ernähren, müsste Ihr Gewicht in Ordnung sein.

In der Ernährungsberatung habe ich es noch nie erlebt, dass sich einer meiner Klienten allgemein zum Thema gesunde Ernährung in der Familie beraten lassen wollte. Häufig ist eine Nahrungsunverträglichkeit oder eine Nahrungsmittelallergie Anlass für den Besuch. Neben diesem speziellen Ernährungsproblem redet man aber selbstverständlich auch allgemein über gesunde Ernährung – und das nehme ich zum Anlass, mit den Klienten eigene Regeln zu entwickeln, die leichter erfüllbar sind und somit umgesetzt werden. Meist kommt so etwas dabei raus:

- Gekocht wird mit Raps- und Olivenöl!
- 1,5 l zu trinken ist einfach, wenn man sich diese Menge gut sichtbar hinstellt, oder eine Strichliste führt, in der jeden Tag sieben Striche für ein Glas oder eine Tasse Getränk vermerkt werden.
- Energiearme Getränke anstelle von Fruchtsaft, Limo und Cola zu trinken geht gut.
- Jeden Tag ein Stück Obst und Gemüse ist einfach und meine Familie und ich steigern sich langsam. Die »5 am Tag« sind das Etappenziel fürs Wochenende und dies schafft man als Familie leicht mit leckerem Obstsalat, Rohkost für zwischendurch oder Blattsalaten als Beilage.
- Milch – mindestens 1 Glas, besser 2 Gläser, sind Pflichtprogramm für meine Kids. Als Nachtisch Quark oder Joghurt mit Früchten 2-mal die Woche.
- Käse bekommt den gleichen Schwerpunkt wie Aufschnitt beim Abendbrottisch.
- Seefisch ist einen Versuch wert. Statt Fischstäbchen jeden Freitag versuche ich 1-mal im Monat ein Fischrezept aus diesem Buch.
- Zwischen Auszugsmehlbrot und Vollkornbrot wird abgewechselt.
- Ein vegetarischer Tag pro Woche wird eingeführt.
- Jeder darf sich 1-mal die Woche sein Lieblingsgericht wünschen, alles wird im Gegenzug probiert und gemeinsam Kochen und Essen macht Spaß.

Immer wieder Stress ums Essen!

Je älter Ihr Kind wird, umso stärker versucht es, seine eigenen Essvorlieben durchzusetzen. Manche Eltern verzweifeln, da sie besonders mäkelige Esser haben. Andere Kinder essen wiederum unheimlich gerne und dabei ein bisschen zu viel des Guten.

Eltern möchten gerne mit guten Ratschlägen dagegensteuern. Aus der Enttäuschung oder Sorge heraus kommt es zu Sprüchen wie: »Da habe ich mir so viel Mühe gemacht und du isst nicht« oder auch »Iss nicht so viel, du wirst zu dick!« Beides stößt bei Kids auf Gegenwehr. Und wenn Sie mal länger darüber nachdenken, sind dies Aussagen, die Sie selbst auch nicht hören wollen. Bei Erwachsenen wird selten ins Essverhalten reingeredet. Klar, Erwachsene müssen nicht mehr erzogen werden, doch Kindererziehung funktioniert heute nicht mehr so, wie wir es vielleicht selbst erlebt haben. Auch wir fanden doch die Sprüche blöd: »In Afrika hungern die Kinder und du isst deinen Teller nicht leer.« oder »Im Krieg wären wir froh gewesen über jede Mahlzeit. Hoffentlich erlebst du keine schlechten Zeiten!« Nun, auch wenn wir meinen, doch gar nicht so streng wie unsere Eltern bei der Bewertung des Essverhaltens zu sein, so erleben unsere Kinder das anders. Sie hören den Vorwurf und für sie selbst besteht keinerlei Grund, ihr Essverhalten zu ändern. Ganz im Gegenteil – als Trotzreaktion denken viele Kids: »Jetzt erst recht!«

Erziehung ist heutzutage demokratischer als zu unserer Kinderzeit. So sollten Sie auch am Esstisch entspannter sein und darauf vertrauen, dass sich Ihr Kind ausprobiert und vieles nur Phasen sind, die eher durch Geduld, dem richtigen Verhältnis von Toleranz und Verbot und dem Aufstellen von Regeln vorübergehen.

Essen in Hülle und Fülle

Zuerst müssen wir bedenken, dass unsere Kinder mit einer unermesslichen Auswahl von Lebensmitteln aufwachsen. Diese Überflussgesellschaft schafft Bedürfnisse, die uns Eltern in unserer Kindheit nur in Teilen bekannt waren. Und wenn wir noch eine Generation weiter zurückblicken oder in der ehemaligen DDR aufgewachsen sind, völlig unbekannt sind. Kinder sehen die bunte Welt der Süßigkeiten, die heile Welt der Fastfood-Ketten mit ihren Kindermenüs inklusive Geschenk sowie Kindergerichte oder Modeerscheinungen wie Bubble-Teas. Ein Kleinkind können Sie noch sehr gut von Kinderlebensmitteln und -menüs abschirmen. Sie sind in diesem Alter der wichtigste Experte, und es wird schnell Ruhe geben, wenn Sie Ihrem Kind vermitteln, dass diese Produkte nicht in die Familie passen. Doch Schulkinder erweitern ihre Informationsquellen und schenken diesen eine höhere Glaubwürdigkeit. Das im Elternhaus Gesagte wird jetzt stärker hinterfragt und mit den Aussagen von Mitschülern abgeglichen. Ein Kind sollte die Chance bekommen, sich eine eigene Meinung zu bilden und Sie sollten dabei die richtige Strategie anwenden, Ihre Ernährungsziele für Ihr Kind umzusetzen.

Regeln geben – und Vorbild sein

Viele Diskussionen lassen sich verhindern, wenn es ein klares Regelwerk gibt, in dem festgelegt worden ist, was erlaubt ist und wo die Grenze ist. Wenn es um Essregeln geht, dann haben sie stets für die ganze Familie Gültigkeit, wie beispielsweise: Wir frühstücken zusammen und während des Frühstücks gibt es für alle die gleiche Auswahl an Brot, Müsli, Belag und Obst. Jeder darf aus diesem Sortiment frei wählen. Und Sie als Eltern entscheiden, ob Nuss-Nougat-Creme oder Frühstückscerealien wie Schoko-Chips und Flakes dazugehören. Wenn Ihr Kind nun quengelt, können Sie sich als Eltern darauf einlassen, dass das eine oder andere Produkt nun als Ausnahme probiert werden darf. Und natürlich schmeckt es super, da es knapp gehalten wird. Ich habe festgestellt, dass Kinder schnell das Interesse verlieren, wenn es beispielsweise 1-mal im Monat eine Packung Frühstückscerealien gibt. Zwischendurch mit Milch gegessen reduziert dies gleichzeitig die Nachfrage nach Süßem. Und wenn die Packung leer ist, muss man erneut warten. Das klappt bei konsequenter Handhabe.

So wie Sie von Ihren Kindern verlangen, dass sie ein Schulbrot und ein Stück Obst mitnehmen, so sollten Sie als Vorbild vorangehen und fürs Büro selbst Obst und ein belegtes Brot dabei haben. Gleiche Verpflichtung für alle. Verlangen Sie von Ihren Kindern kein »besseres« Essverhalten als Sie selbst an den Tag legen. Das merken Ihre Kinder und empfinden Sie als ungerecht. Zu Recht! Wenn es geht, sollte auch das Mittagessen gemeinsam gegessen werden. Hier könnte eine Regel sein: Jeder darf 1-mal pro Woche ein Lieblingsgericht wählen. Jeder hat bei allem, was auf dem Tisch kommt, zu probieren. Schmeckt das Essen nicht, dann gibt es keine Extrawurst. Doch ein Brot muss dann gegessen werden, damit nicht später der Hunger kommt und um Naschzeug gequengelt wird.

Je älter Schulkinder werden, umso weniger lockt man sie mit einem Obstteller. Doch wer Obstsalat oder selbst gemachten Früchtequark oder Joghurt immer im Kühlschrank auf Vorrat stehen hat, wird feststellen, dass Kinder gerne zugreifen.

Verschiedene Arten von Regeln

Es gibt die unausgesprochenen Familienregeln. Sie werden häufig nicht wirklich besprochen, sondern sind für alle aufgrund des gelebten Alltags normal. Beispiele sind die Zeiten, wann gegessen wird. Wird dann von Pubertierenden die Regel gebrochen und es stört Sie, dann sollte darüber gesprochen werden. Vielleicht muss man dann die gemeinsamen Esszeiten verlegen oder auch akzeptieren, dass das Kind nun selbständiger wird und daher die Anzahl der gemeinsamen Mahlzeiten abnimmt. Oft möchten Eltern aber noch ein paar gemeinsame Mahlzeiten, dazu kann das Frühstück am Wochenende zählen. Hier sollten Eltern kompromissbereit sein und die Frühstückszeit in den späten Vormittag legen.

Dann gibt es Regeln, die schon von Anfang an mit einem Schulkind festgelegt werden müssen. Dazu gehört z. B. ob und wann es Nuss-Nougat-Creme gibt. Bei vielen Familien gibt es sie nur zum Frühstück oder auch nur am Wochenende. Bei anderen Familien ist Nutella fürs Schulbrot reserviert. Auch die Menge der Süßigkeiten festzulegen macht Sinn, dann müssen Eltern nicht immer ermahnen, wenn es zu viel ist. Hier kann man z. B. festlegen, dass das Kind über einen Geldbetrag verfügt und eigenständig seinen Süßkram kauft. Mir gefällt diese Regel gut, da mein Sohn sich das kaufen kann, was er will. Kinder lernen so eigenverantwortlich mit Geld, Süßigkeiten und überhaupt mit dem Thema Konsum umzugehen. Und so können Kinder das Geld auch für etwas anderes sparen und eventuell Ihr Süßbedürfnis über Obst stillen. Beim Quengeln nach Süßem kann man als Eltern immer eine klare Position beziehen: »Du willst doch Dein Geld sparen!« Und so ist die Diskussion schnell beendet. Nebenbei lernen die Kids, mit Geld umzugehen. Mein Sohn kann sich das Popcorn beim Kinobesuch nicht leisten und daher weiß er, dass er vorher auf etwas anderes verzichten muss. Meistens verliert das Popcorn an Bedeutung.

Regeln können als Verträge aufgesetzt und von allen unterschrieben werden. Dabei kann es sich um komplexe Themen handeln oder um Regeln, die selten eingehalten werden. So kann z. B. ein Vertrag geschlossen werden, wer für welche Aufgaben rund ums Essen zuständig ist. Wer deckt den Tisch? Wer bringt den Müll runter? Wer räumt die Spülmaschine aus?

Routine erleichtert das Leben

Routine beim Essen ist wichtig, denn so muss das Rad nicht jeden Tag neu erfunden werden. Unser tägliches Essen besteht aus vielen Gewohnheiten. Die meisten frühstücken jeden Morgen während der Woche das Gleiche. Die einen ein Brot mit Marmelade, die anderen ein Müsli mit Obst und Joghurt. Auch unser morgendliches Getränk ist meist identisch.

Vielleicht hilft es Ihnen, wenn Sie auch unter der Woche Rituale einführen: Am Freitag gibt es Fisch, am Samstag Eintopf und am Sonntag hat Papa Küchendienst. Um mehr Obst zu essen, könnte man den Samstagabend zum Obstsalat-Abend erklären. Hier schauen manche Familien gemeinsam fern und andere spielen zusammen Gesellschaftsspiele. Wenn es hier stets Obstsalat gibt, wird dies zu einer festen Institution. Auch kann man sich routinemäßig angewöhnen, Salatsauce in großen Mengen herzustellen und Salat gleich für mehrere Tage vorzuputzen. Dann ist stets im Handumdrehen zum Abendbrot ein Salat zubereitet. Wenn man dies routinemäßig macht, dann wird dies von allen Familienmitgliedern als Selbstverständlichkeit angenommen.

Verwöhnen durch Überraschen!

Neben Routinen haben auch Überraschungen immer ihre Berechtigung. So freut sich die Familie, wenn sie statt mit Brot und Aufschnitt mal mit überbackenen Broten oder einer Quiche überrascht wird. Mixmilch mit gesunden Beeren anstelle von Milch oder Kakao findet meist auch begeisterte Abnehmer. Und sehr reife Bananen lassen sich so gut verwerten. Mit einem Fondue- oder Raclette-Abend am Wochenende in der Winterzeit oder mit einem Grillabend in den Sommermonaten begeistert man die ganze Familie. Das Essen muss dabei nicht jeden Tag auf gesundheitliche Werte durchgecheckt werden. Es soll bunt und abwechslungsreich sein und der ganzen Familie Spaß machen.

Überraschungen können auch ganz kleine Dinge sein: ein toller Becher mit den Kinohelden aus dem aktuellen Familienfilm. Neue Tischsets für die ganze Familie oder in der Weihnachtszeit ein Kerzengesteck lassen alle länger und entspannter am Tisch verweilen. Und wenn Sie ein schon bekanntes Gericht mit einem neuen und coolen Spruch begleiten, dann probiert vielleicht doch der Mäkelige noch mal und kann sich dafür begeistern.

Zeitmanagement und gute Planung

Viele Frauen wollen oder müssen neben Familie und Haushalt Ihrem Beruf nachgehen. Einen Haushalt mit Kindern zu führen, nimmt viel Zeit in Anspruch, braucht feste Strukturen, kostet viel Planungszeit und daher sollten einfache Aufgaben auch von Schulkindern übernommen werden. Eine gesunde Ernährung kostet Zeit, die man nicht so eben aus dem Ärmel schütteln kann. Wichtig ist neben dem eigentlichen Kochen, dass Sie eine gute Vorratshaltung haben, einen Speiseplan erstellen, Einkaufslisten schreiben und feste Zeiten haben, an denen Sie oder Ihr Partner einkaufen gehen. Doch was heißt eigentlich eine gute Vorratshaltung? Sie brauchen keinen Keller, keinen Vorratsraum, doch ein oder zwei Vorratsschränke sind erforderlich. Sie kaufen auch nicht in großen Mengen Vorräte ein. Hamsterkäufe sind wirklich überholt, aber folgende Lebensmittel sollten Sie immer im Vorratsschrank haben, damit Sie entspannt kochen können.

Das A und O: Vorratshaltung

- Gewürze, Kräuter & Co: fluoriertes Jodsalz mit Folsäure angereichert, Pfeffer, Curry, Paprikapulver, Muskatnuss, Thymian, Rosmarin, Oregano und gekörnte Brühe. Gut verschlossen in kleinen Mengen sollten sie im Vorratsschrank stehen. Dabei ist es nicht wichtig, jedes Gewürz zu haben, sondern solche, die man mag und benutzt.
- Grieß, Haferflocken, Paniermehl, Stärke, Reis und Nudeln sollten zu den Vorräten zählen.
- Knäckebrot, Zwieback und Müsli sollten ebenfalls immer im Haus sein.
- Mehl und Zucker sowie Backpulver, Trockenhefe, Vanillezucker sowie Gelatine, Rosinen, Nüsse und Mandeln brauchen alle, die gerne mal backen oder ein Dessert zubereiten.
- Kakaopulver, Kaffee und Tee sowie Marmelade und Honig sind für viele ein Muss.
- H-Milch sollte für den Notfall bereitstehen.
- Eingeschweißter Gouda oder Parmesan sind lange haltbar und gehören in den Vorrat.
- Getränke, wie Mineralwasser, Obst- und Gemüsesaft, sind auf Vorrat unerlässlich.
- Saure Gurken, Oliven, Kapern oder Antipasti sind prima zum gesunden Snacken oder Aufpeppen einer Brotmahlzeit.
- Ohne Essig und Öl ist kein Salat angemacht. Eine Flasche Öl und Essig kann reichen. Wer die Sparvariante will, dem empfehle ich Olivenöl und Balsamicoessig. Übrigens: Essig hält lange über das Mindesthaltbarkeitsdatum hinaus.
- Rapsöl, Olivenöl, Essig, Sojasauce, Senf, Tomatenmark, Mayonnaise, Meerrettich, Pesto sind je nach Kochgewohnheiten wichtige tägliche Begleiter.
- Kartoffeln, Zwiebeln und Knoblauch sollten in kleinen Vorräten je nach Lagermöglichkeit im Hause sein.

Dosenwirtschaft Wer greift denn noch zur Dose, wo es Tiefkühltruhen gibt? Tiefkühlprodukte haben die Dose stark verdrängt. Doch einige Produkte sind einfach Dosenschlager. Dazu zählen aus meiner Sicht geschälte Tomaten, Mais und Thunfisch. Dosenobst findet ebenfalls viele Anhänger: Mandarinenfilets, Ananasringe, Pfirsichhälften und Sauerkirschen im Glas. Also, wer gerne Obst aus der Dose isst, sollte sich dort auch einen kleinen Vorrat anlegen. Frisches Obst ist zwar gesünder, lässt sich aber nicht über Monate lagern.

Auf Eis gelegt! Ein Tiefkühlschrank ist in einem Familienhaushalt eine sinnvolle Anschaffung. In ihm sollte Gemüse, wie Brokkoli, grüne Bohnen, Mischgemüse, Kräuter, Beeren sowie Fischfilet, Hähnchenbrust, Hackfleisch und Eiscreme zu finden sein. Brot lässt sich gut auf Vorrat einfrieren. Und er bietet Platz für Essensreste, damit Sie nicht jeden Tag kochen müssen.

WISSEN

Was hat nichts im Kühlschrank verloren?

Tomaten, Ananas, Bananen und Kiwi und Zitrusfrüchte mögen den Kühlschrank nicht so gerne. Sie verlieren dort an Aroma und wollen daher lieber bei Zimmertemperatur aufbewahrt werden. Kartoffeln mögen es dunkel und kühl. Doch der Kühlschrank ist oft zu kalt. Am wohlsten fühlen sie sich in einem trockenen und kühlen Keller.

Was gehört nun wo in den Kühlschrank?

Welches Fach?	Das gehört hinein:
oben und Mitte	ausgekühlte Essensreste (gut verpackt), Käse in luftdichter Dose, Frischkäse und Mozzarella in Verpackung, Milch, Sahne, Joghurt, Crème fraîche, Quark, Kefir, Buttermilch, saure Sahne
unten bzw. an kältester Stelle	Fleisch, Geflügel, Fisch ohne Verpackung (auf Teller oder in Schale nicht ganz luftdicht abgedeckt), Geflügel, Wurst und Aufschnitt in luftdichter Dose, Räucherwaren
Gemüsefach	Gemüse, wie Frühlingszwiebeln bzw. Lauch, Möhren, Kohl und Knollen, Salate aller Art, Pilze, Bohnen, Gurken, Zucchini und Kürbis Kräuter wie Petersilie, Schnittlauch Dill, Estragon, Kerbel, Kresse, Oregano, Rosmarin, Salbei und Thymian frische Beeren (von anderen Lebensmitteln getrennt), nicht zu dicht, am besten in einer Lage mit feuchtem Tuch abgedeckt
in der Tür	Butter, Eier, angebrochene haltbare Konserven, angebrochene Getränke und Milch

Gekühlte Grundvorräte Von entscheidender Bedeutung für die Haltbarkeit von Lebensmitteln ist die Temperatur im Innenraum des Kühlschranks. Sie kann in herkömmlichen Geräten von 2 Grad im unteren Bereich, über 5 Grad im mittleren, bis hin zu 8 Grad in den oberen Bereichen gehen. Das Gemüsefach und die Kühlschranktür sind die wärmsten Plätze im Kühlschrank mit ca. 9 und 10 Grad. Um die Haltbarkeit der Lebensmittel zu erhöhen, sollte jedes Lebensmittel an den richtigen Platz im Kühlschrank eingeräumt werden.

Sie sollten in regelmäßigen Abständen die Temperatur des Kühlschranks überprüfen. Ist die Kühlschranktemperatur zu niedrig, dann wird unnötig viel Strom verbraucht. Ist die Temperatur im Kühlschrank zu hoch, halten die Lebensmittel nicht lange genug.

Ein Speiseplan muss her

Ein Speiseplan ist eine sinnvolle Entlastung beim täglichen Kochen. Denn nur so lässt sich die Arbeit rund ums Essen rationalisieren. Ein Speiseplan sollte folgende Punkte berücksichtigen:

- An welchen Wochentagen habe ich Zeit zum Einkaufen? Wenn es nur der Samstag ist, sollte Freitagabend der Speiseplan für die Folgewoche stehen.
- Schaffe ich zwei größere Einkäufe die Woche, dann reicht ein Speiseplan für drei bis vier Tage im Voraus.
- Wenn alles anders läuft als geplant, nehmen Sie tiefgekühlte Pizza aus dem Gefrierschrank und werten diese mit etwas kleingeschnittenem Gemüse auf. Oder Sie disponieren um und es gibt selbstgemachte Pfannkuchen.
- Wenn gar nichts geht, dann bleibt die Küche kalt. Stullen und dazu aufgeschnittenes Gemüse sind okay.
- Wenn der Speiseplan steht, schreiben Sie den Einkaufszettel.
- Gleichen Sie Ihre Vorräte mit dem Speiseplan ab!
- Beachten Sie, dass Sie Hackfleisch, Fisch und Krustentiere als Frischware nicht auf Vorrat kaufen können.
- Auch wenn Sie den Großeinkauf ungern aus den Händen geben, lassen Sie sich bei den kleinen Einkäufen helfen. Dafür ist es wichtig, dass Sie genau formulieren, was Sie brauchen. Mengenangabe und genaue Bezeichnungen sind entscheidend. Bei »Fisch« wissen Sie, was gemeint ist, doch ein anderer wird daraus nicht klug. Klare Ansagen wie »500 g frisches Rotbarschfilet (alternativ: Seelachsfilet)« schaffen Klarheit.
- Kleinsteinkäufe erledigen Grundschulkinder gerne. Sie sind stolz darauf, die fehlende Milch oder Brot einzukaufen.
- Finden Sie schnelle und einfache Gerichte für hektische Tage.
- Kochen Sie an zeitlich knappen Tagen Gerichte, die Sie schon oft gemacht haben.
- Beziehen Sie die Wünsche Ihre Familie bei der Speiseplangestaltung ein.
- Nutzen Sie Neugier und Tatendrang älterer Kinder. Auch sie können Nudeln oder Reis kochen lernen und das Aufwärmen von Speisen erledigen.
- Entscheiden Sie sich bewusst auch für das Kochen von doppelten Mengen und Essen von aufgewärmten Gerichten vom Vortag.

Tipps und Kniffe beim Kochen

Berufstätige sind gezwungen, möglichst jeden Moment sinnvoll zu nutzen, ansonsten fehlt schnell die Zeit, den Haushalt zu erledigen. Um möglichst nicht alleine an der Essensfront zu kämpfen, sollten Sie Partner und Kinder früh mit einbeziehen. Schulkinder können schon bei der Vorbereitung von Gemüse und Obst helfen. Sie können waschen und schneiden. Sie können auch schon den Tisch decken oder Vorräte aus dem Keller holen. Motivieren Sie Ihre Kids früh, loben Sie von Anfang an viel und lassen Sie Ihre Kids alles ausprobieren, besonders dann, wenn Zeit ist, der Aufwand lohnt sich. Je älter die Kinder werden, umso wahrscheinlicher ist es, dass sie zu begeisterten Hobby-Köchen und -Bäckern werden. Teilen Sie sich selbst die Kocharbeit gut ein. Vieles lässt sich schon mal vorbereiten:

- Gemüse, wie z. B. Blumenkohl oder Brokkoli, können Sie direkt nach dem Einkauf putzen und entsprechend klein schneiden. In einem Frischhaltebeutel im Gemüsefach lässt es sich so 2 bis 3 Tage lagern.
- Blattsalate kann man schon fertig geputzt und zerteilt kaufen, doch noch besser ist es, ganze Köpfe zu kaufen, diese selbst zu putzen und in einem gut verschlossenen Gefrierbeutel im Gemüsefach aufzubewahren und bei Bedarf die Blätter zu entnehmen.
- Nudeln, Reis und Kartoffeln lassen sich gleich als doppelte Portion kochen. So kann am nächsten oder übernächsten Tag damit ein Salat oder ein Auflauf zubereitet werden.
- Bereiten Sie auch die 3- bis 4-fache Salatsaucenmenge zu. Diese können Sie im Schraubglas in der Kühlschranktür etwa 1 Woche aufbewahren.
- Suppen und Eintöpfe immer in doppelter Menge zubereiten und die Hälfte einfrieren.
- Hülsenfrüchte aus Dosen verwenden oder getrocknet unbedingt am Abend vorher einweichen.
- Essensreste immer abgekühlt im Kühlschrank aufbewahren, so hat man für den Nörgler am nächsten Tag noch eine Alternative.

Kochen mit Kräutern und Gewürzen

Auch wenn Sie keinen Garten haben, müssen Sie nicht auf frische Kräuter verzichten. Persönlich gefällt mir der Balkon/die Terrasse oder die Küchenfensterbank am besten. Wenn Sie Kräuter im Bund im Supermarkt oder auf dem Markt kaufen, gilt für die Vorratshaltung Folgendes: Petersilie, Dill oder Zitronenmelisse schlagen Sie in feuchtes Küchenkrepp ein und geben diese mit dem Küchenkrepp in eine Plastiktüte ins Gemüsefach. So halten die meisten Kräuter eine Woche frisch, ohne einen großen Qualitätsverlust zu erleiden. Bitte frischen Schnittlauch auf keinen Fall ins Wasser stellen, er fault schnell. Das passiert mit anderen Kräutern ebenfalls.

Kräuter richtig zubereiten

Je nach Verwendung der Kräuter sind sie unterschiedlich zu zerkleinern. In der Regel lässt sich mit einem großen scharfen Messer jedes Kraut schneiden und hacken. Natürlich können Sie auch Wiegemesser oder elektrische Zerhacker nehmen. Ob auf einem Holz-, einem Kunststoffbrett oder einer Steinunterlage geschnitten oder gehackt wird, ist Sache des persönlichen Geschmacks. Holzbretter lassen sich allerdings im Gegensatz zu den anderen etwas schlechter reinigen. Sollen die Kräuter oder auch die Gewürze sehr fein zerkleinert werden, ist Mörsern das Mittel der Wahl. Um das Aroma möglichst zu konzentrieren und eine Verdunstung des ätherischen Öls zu vermeiden, empfiehlt es sich, etwas Öl dazuzugeben.

Gewürze richtig einkaufen

In der Regel können Sie zwischen gemahlenen und ganzen Gewürzen entscheiden. Unzerkleinerte Gewürze haben den großen Vorteil, dass sie noch das volle Aroma und den ganzen Geschmack besitzen und erst beim Zerkleinern entfalten. Daher müssen sie vor dem Kochen in der Regel leicht gemahlen oder zerdrückt werden, um ihr Aroma optimal zu entfalten. Bereits gemahlene Gewürze lassen sich leichter und schneller beim Kochen einsetzen. In großen Mengen sollten Sie nicht eingekauft werden, denn sie verlieren leichter an Aroma als Gewürze im Ganzen.

Häufig gestellte Fragen

Mein Kind isst keine Kartoffeln. Soll ich extra kochen?

Nein, Sie sind keine Restaurantküche. Ihr Kind kann dann das essen, was da ist. Vielleicht hat es Glück und es sind noch Reis oder Nudeln vom Vortag übrig. Doch Ihr Kind sollte lernen, diese Reste selbst warm zu machen. Natürlich bringen Sie ihm dies bei, aber auf Dauer kann Ihr Kind das selbst. Wenn keine Beilagenreste da sind, sollten Sie Ihr Kind auffordern, alternativ eine Scheibe Brot zu essen. Denn Kartoffeln sättigen und fehlen sie, fragen viele Kinder nachmittags nach Süßigkeiten. Natürlich sollten Sie Ihr Kind immer wieder dazu ermuntern, Kartoffeln zu probieren. Wechseln Sie die Sorte und variieren Sie bei den Kartoffelgerichten.

Mein Kind fragt immer nach Cola. Was soll ich erlauben?

Manche Mitschüler dürfen Cola und andere Softgetränke trinken. So ist es aus Sicht des Kindes immer wieder legitim, danach zu fragen. Aus meiner Erfahrung ist es sinnvoll, Quengler die Cola probieren zu lassen. Wenn Sie Glück haben, stellt sich raus, dass Sie ihrem Kind gar nicht schmeckt. Wenn Kindern Cola schmeckt, geht es darum, dass Sie sich als Eltern darüber im Klaren sind, wo die Grenzen liegen. Beispielsweise darf Ihr Kind ein kleines Glas Cola trinken, wenn Sie auswärts essen und es vor 18:00 Uhr ist. Oder nur zum Geburtstag oder zu Weihnachten. Oder erst, wenn es auf die weiterführende Schule geht oder andere Optionen. Natürlich kann es nicht sein, dass Sie als Eltern Cola trinken und Ihrem Kind dies auf Dauer verbieten. Das stört zu Recht den Gerechtigkeitssinn Ihres Kindes und es wird ein Dauerkampfthema.

Unsere Tochter hat uns erklärt, dass Sie nun Vegetarierin ist. Wie verhalten wir uns richtig?

Das gibt es relativ häufig bei Schulkindern, dass Sie konsequent kein Fleisch mehr essen. Sie haben meist Mitleid mit den Tieren und das sollte man als Eltern akzeptieren. Manchmal wird darüber diskutiert, dass diese Kinder zu schlecht mit Eisen und B-Vitaminen versorgt sind. Sie sollten um diese Versorgungslücke zu schließen, darauf achten, dass Ihr Kind viele Vollkornprodukte und viel Gemüse isst. Zum morgendlichen Vollkornmüsli oder -brot sollte ein Glas Orangensaft getrunken werden. Die Kombination aus Vitamin-C-reichem Saft und eisenreichen Vollkornbrot fördert die Aufnahme des Eisens.

Unser Sohn spielt den Kasper am Esstisch. Wie bekommen wir das in den Griff?

Spielt Ihr Sohn immer den Kasper? Und haben Sie eine Vermutung, woran es liegen könnte? Ermahnen reicht da sicherlich nicht und führt vermutlich zum Gegenteil. Mein Vorschlag: Versuchen Sie, der Ursache auf den Grund zu gehen. Fühlt sich Ihr Sohn vernachlässigt? Oder will er nur die Grenzen kennenlernen? Egal was es ist, sagen Sie klar an, dass es Sie stört und handeln Sie konsequent. Wenn er sein Kaspern nicht einstellt, dann muss er im schlimmsten Fall den Raum verlassen. Das mag zwar wehtun, aber nur so kapiert er, wie ernst es Ihnen ist.

Unser Sohn will immer Geld, um sich in der Schulkantine eine Semmel mit Fleischkäse oder ein Pizzastück zu kaufen. Was tun?

An Schulen, wo es solche Angebote gibt, kommt es häufig vor, dass Kinder dies auch nutzen möchten. Sie haben die Möglichkeit, dies im Kleinen zu entscheiden oder auch im Großen. Im Großen meine ich, dass Sie sich mit anderen Eltern zusammentun und versuchen, auf das Angebot in der Schulkantine Einfluss zu nehmen. Mit im Kleinen ist eine familiäre Lösung gemeint. Das kann bedeuten, dass Ihr Kind sich an einem besonders langen Schultag etwas Zusätzliches zum Pausenbrot kaufen darf. Oder Sie können es komplett ablehnen und im Gegenzug anbieten, dass Sie 1-mal die Woche selbst Pizza zum Mittagessen oder Abendbrot backen.

Unsere Kinder essen zu wenig Gemüse. Wären Vitaminpräparate eine Alternative?

Vitamintabletten beruhigen das Gewissen, aber sind nicht nötig. Aus Studien weiß man, dass in Deutschland kein Kind mit Vitaminen unterversorgt ist. Viele Produkte haben heute einen Vitaminzusatz und die Empfehlungen zum Bedarf von Vitaminen haben so hohe Sicherheitszuschläge, dass, wenn sie nicht erreicht werden, bei mehr als 95 % der Kinder kein Mangel vorliegt. Sinnvoller ist es, die Kinder immer wieder zum Obst- und Gemüseessen zu animieren. Doch mit der Gabe von Vitamintabletten können Sie auch nicht wirklich etwas falsch machen.

Wir essen wenig Fisch. Sollen wir Omega-3-Kapseln kaufen?

Sie finden sich in bester Gesellschaft. Zwar steigt der Fischkonsum, doch kaufen im Bundesdurchschnitt die Haushalte lediglich 4,6 kg Fisch und Meeresfrüchte pro Person im Jahr ein. Fisch ist reich an Omega-3-Fettsäuren und daher sollte er möglichst 2-mal pro Woche verzehrt werden. Die alternative Einnahme von Omega-3-Fettsäuren in Form von Kapseln halte ich für falsch, da kein Mangel an Omega-3-Fettsäuren vorliegt. Auch Rapsöl ist reich an Omega-3-Fettsäuren und daher würde ich eher raten, ausschließlich Rapsöl zu verwenden, um so eine gute Versorgung mit Omega-3-Fettsäuren zu gewährleisten. Knabbern Sie regelmäßig eine Handvoll Walnüsse; damit tun Sie sich bezüglich Omega-3-Fettsäuen ebenfalls etwas Gutes.

Was ist eigentlich Folsäure? Ich habe es als Zusatz beim Salz gesehen.

Folsäure gehört zur Gruppe der B-Vitamine. Sie spielt eine bedeutende Rolle bei allen Wachstumsprozessen – und ist besonders wichtig für Kinder. In der durchschnittlichen Nahrung vieler Menschen steckt jedenfalls zu wenig Folsäure, da dieses Vitamin sehr licht- und hitzeempfindlich ist. Eine ausgewogene Ernährung mit viel grünem Gemüse wie Wirsing, Grünkohl, Spinat, Mangold und Brokkoli sorgt für eine gute Folsäureversorgung. Die Verwendung von mit Folsäure angereichertem Salz ist sinnvoll, da bei diesem Vitamin häufig eine suboptimale Versorgung vorliegt.

Unser Sohn macht sehr viel Sport. Ist es sinnvoll, ihn einen Eiweiß-Shake trinken zu lassen?

Jugendliche haben meist so eine Phase, wo Sie unbedingt Eiweißdrinks, die mit Vitaminen und anderen Stoffen wie Carnitin angereichert sind, trinken möchten. Diese Präparate gehen ins Geld und sollten vom Taschengeld bezahlt werden, denn sie bringen nicht die gewünschten Muskeln. Eine langweilige Bananenmilch oder ein Früchtequark enthalten genauso viel und hochwertiges Eiweiß und sind um Längen preiswerter, natürlicher und somit gesünder. Wenn Sie Ihr Kind finanziell beim Kauf nicht unterstützen, verliert es meist schon nach der ersten Packung sein Interesse an dem Produkt. Unterstützen Sie Ihren Sohn, indem Sie Milchshakes, als Smoothies deklariert, nach oder vor dem Sport anbieten.

Wenn ein Kind keinen Hunger hat, muss oder soll es dann trotzdem etwas essen?

Nein, wenn Ihr Kind wirklich keinen Hunger hat, dann sollten Sie es auch nicht zum Essen zwingen. Doch sollte auch klar sein, dass nicht eine Stunde später nach Süßigkeiten gebettelt werden darf. Wenn sich dann der Hunger einstellt, dann sollte Ihr Kind die ausgefallene Mahlzeit nachholen. Süßigkeiten gibt es nicht zum Sattessen, sondern nur als kleines Extra zwischendurch.

Mein Kind isst Unmengen von Frühstückscerealien. Ist das ein Problem?

Frühstückcerealien können Sie in der Regel mit Süßigkeiten gleichsetzen. Sie haben bis zu 50 Prozent Zucker. Klar kommt noch gesunde Milch dazu. Doch wenn Ihr Kind sowieso täglich 2 Gläser Milch trinkt, gibt es keinen Grund, dass es Unmengen von diesen Frühstückscerealien isst. Ich würde sagen, eine Portion am Tag anstelle von Süßigkeiten ist genau die richtige Menge und dabei ist es egal, ob sie morgens oder am Nachmittag verspeist wird.

Unsere Tochter weigert sich, das Schulessen in der Kantine zu essen. Was können wir tun?

Sie sollten mit Ihrer Tochter über das Schulessen reden und herausfinden, warum sie es nicht isst. Mit Aussagen wie »das schmeckt nicht« kommen Sie nicht weiter. Sie sollten sie motivieren, doch einzelne Komponenten zu probieren. Und das Pausenbrot sollte etwas größer ausfallen, damit sie davon noch bis zum Mittagessen zehren kann. Vielleicht macht es auch Sinn, Ihr einen Joghurt oder ein Stück Obst mitzugeben.

Sind im Fruchtsaft genauso viele Kalorien enthalten wie in Softgetränken?

Ja, der Unterschied bzgl. Kalorien ist zwischen Fruchtsaft und Softgetränk gleich. Fruchtsäfte haben im Gegensatz zu Softgetränken aber Vitamine, Mineralstoffe und sekundäre Pflanzenstoffe. Als Schorlen verdünnt, sind sie gesund. In großen Mengen als Durstlöscher getrunken, sind sie aufgrund ihres hohen Kaloriengehalts nicht zu empfehlen.

Sind Bio-Produkte gesünder als herkömmliche Lebensmittel?

Nein, Bio-Produkte sind nicht zwingend gesünder als konventionell hergestellte Lebensmittel. Aber auch wenn keine nennenswerten gesundheitlichen Vorteile aus dem Konsum von Bio-Produkten hervorgehen, spricht doch einiges für Bio: denn Bio-Produkte sind seltener mit Pestiziden belastet, Bio-Hühnerfleisch und Bio-Schweinefleisch weisen zudem weniger antibiotikaresistente Bakterien auf. Nicht vergessen werden sollte, die Bedeutung vom Bio-Landbau für die Umwelt und auch der Aspekt der artgerechten Tierhaltung. Doch Bio-Landwirtschaft hat heute nur wenig mit der heilen Welt eines Besucher-Bauernhofes zu tun. Die Bioprodukte der Discounter kommen von großen spezialisierten Betrieben.

Ist Tiefkühlgemüse vitaminärmer als frisches Gemüse?

Nein, das lässt sich so pauschal nicht sagen. Gemüse, das schon länger in unserem Kühlschrank lagert, hat im Vergleich zu tiefgekühltem Gemüse oft einen niedrigeren Vitamingehalt. Tiefgekühltes Gemüse wird nach der Ernte direkt blanchiert und tiefgefroren. Der Vitaminverlust bei Tiefkühlgemüse ist sehr gering und daher spricht nichts gegen das Kochen mit Tiefkühlgemüse.

Mein Kind will auf einmal nicht mehr sein Schulbrot essen!

Vielleicht handelt es sich dabei nur um eine Phase. Auf der anderen Seite muss man fragen, woran es liegt. Viele Kinder sagen gerade in der warmen Jahreszeit, dass das Brot schon sehr trocken ist, Käse und Wurst schwitzen und somit das Pausenbrot unappetitlich ist. Sie sollten vielleicht die Brotsorte wechseln und Brotaufstriche dick aufs Brot streichen sowie mit Gurken- oder Radieschenscheiben belegen. Auch Babyspinat oder Salatblätter zusammen mit Frischkäse oder vegetarischen Pasten schmecken zwischen zwei Brotscheiben ausgezeichnet. Damit das Ganze gut hält, umwickeln Sie das Brot mit Frischhaltefolie.

Sollte ich anstelle von Kuhmilch und Joghurt Sojaprodukte geben?

Wenn Sie und Ihre Kinder Milch und Milchprodukte gut vertragen, sollten Sie diese auch weiterhin genießen. Wenn Ihre Kinder neugierig sind, wie Sojaprodukte schmecken, können Sie diese gerne mal kaufen und probieren. Doch da Milch die wichtigste Kalziumquelle ist und Kalzium besonders wichtig für den Knochenaufbau in der Kindheit und Jugend ist, sollten Sie darauf achten, dass täglich 2 Portionen Milch oder Milchprodukte wie Joghurt, Buttermilch, Quark und auch Käse gegessen werden.

Schadet zu viel Obst?

Wenn täglich weitaus mehr als 2 oder 3 Stück Obst gegessen werden und Ihr Kind zu Übergewicht neigt, sollten Sie den Obstverzehr auf 2 Portionen senken bzw. schauen, ob neben Obst auch noch anderes Süßes gegessen wird. Ist Ihr Kind normalgewichtig, dürfen Sie sich freuen, dass Ihr Kind so gesund nascht. Schlägt Ihr Kind über die Stränge, weil gerade die Kirschen auf Ihrem Obstbaum im Garten reif sind, dann ist dies eine Ausnahmesituation und die lässt sich gut vertreten und als normal einstufen.

Ist glutenfreies Brot eigentlich gesünder als normales Brot?

Nein, glutenfreies Brot ist nicht gesünder. Es enthält kein Klebereiweiß (Gluten) und wird von Menschen, die unter einer Zöliakie oder unter einer Glutenunverträglichkeit leiden, vertragen. Da das Klebereiweiß fehlt, brauchen diese Brote, um nicht so trocken zu sein, meist mehr Fett als normales Brot. Gesunde Menschen haben durch den Verzehr von glutenfreiem Brot keinen Vorteil, sondern eher einen Nachteil aufgrund des höheren Energiewertes.

Salat,
Frischkäs
Tomaten,

Suppe

Kochen macht Spaß

Farbenfroh mit viel Obst und Gemüse lässt sich für die ganze Familie jeden Tag wieder etwas Neues zaubern. Ob Smoothies, Brotpasten, schnelle Pfannengerichte oder bunte Aufläufe unter einer goldgelben Käsekruste, hier finden nicht nur Kinder ihre Lieblingsgerichte, sondern auch Mama und Papa.

Frühstück – wenn es morgens kaum rutscht

Viele Kinder haben den Eindruck, viel zu früh geweckt zu werden. Sie können sich einfach nicht ans Aufstehen gewöhnen. Und morgens wie ein König zu frühstücken setzt Mütter und Kids gleichermaßen unter Stress. Damit das schlechte Gewissen der Mutter beruhigt wird und das Kind mit gefülltem Magen in die Schule geht, gibt es morgens am besten etwas, das gut rutscht.

Hilfe – das Frühstück fällt aus!

Auch wenn Ernährungswissenschaftler aus gutem Grund fordern, dass Kinder ausgiebig frühstücken, so kann man es im Einzelfall nicht erzwingen. Zur Beruhigung für Eltern, die ein schlechtes Gewissen haben, da ihre Sprösslinge nichts essen: In den Mittelmeerländern gibt es auch keine ausgedehnte Frühstückstradition. Hier wird oft erst zu späterer Stunde ein Snack eingenommen. Die Menschen dort sind weder dicker, noch haben sie mehr ernährungsabhängige Krankheiten als wir. Trösten Sie sich damit und versuchen Sie es bei Ihren Kids mit einer Kleinigkeit. Auch wenn Sie einen Frühstücksmuffel am Tisch haben, sollte sich dies nicht negativ auf die Stimmung auswirken. Akzeptieren Sie Ihr Kind so wie es ist. Lassen Sie sich nicht von Großeltern und anderen Müttern reinreden. Geben Sie ihm ein Pausenbrot und zusätzlich Fruchtsaft oder Milch bzw. Kakao mit. In vielen Grundschulen ist das gemeinsame Frühstücken fest in den Schulalltag integriert. Hier holen Morgenmuffel dann nach, was sie am frühen Morgen versäumt haben.

Ein Getränk am Morgen

Hektik und Stress am Morgen sind immer kontraproduktiv. Es lohnt sich, wenn die ganze Familie 10 Minuten früher aufsteht und dann mehr Ruhe hat, gemeinsam um den Esstisch zu sitzen. Während Sie frühstücken, kann Ihr Kind sich am Familientisch wohlfühlen, und manchmal kommt der Appetit beim Essen. Zu einem Glas Milch lassen sich die Kids meistens überreden. Milch ist ein wichtiger Kalziumlieferant und bringt neben Flüssigkeit einen kleinen Energieschub von etwa 100 Kalorien (150 ml).

Am besten schmecken Kindern und auch vielen Großen süße Gerichte. Daher lässt sich die Milch am einfachsten mit Kakao zum Startgetränk am Morgen zubereiten. Mit ein bisschen mehr Zeit kann ein Milchmixgetränk mit Obst und Haferflocken ein vollständiges kleines Frühstück ergeben. Diese 5 Minuten sind gut investiert und Ihr Kind geht mit leicht gefülltem Magen zur Schule – die Energie reicht sicherlich bis zur großen Pause. Gute Esser sollten morgens Früchtetee trinken. Sie brauchen keinen Energieschub über Getränke.

Für Brot- und Müsli-Verweigerer

Auch wenn dies die morgendliche Routine durcheinander bringt, so kann insbesondere für dünne Kinder der Pfannkuchen am Morgen eine Alternative zu Brot oder Müsli sein. Machen Sie sich bitte wegen des Cholesterins im Ei keine Sorgen. Eier sind besser als ihr Ruf. Sie haben ein gutes Fettsäuremuster und sind zudem ein wichtiger Eiweiß-, Vitamin- und Mineralstofflieferant. Milchsuppen sind auch eine Alternative für manche Kinder, insbesondere zur Winterzeit, wenn es draußen noch dunkel ist. Sie rutschen gut und geben vielen Kids ein wohlig-warmes Gefühl von Geborgenheit.

Probieren Sie immer wieder neue Brotsorten aus. Die Abwechslung regt das Interesse von Kindern an. Im Sommer können Sie auch gemeinsam Marmelade kochen. Vom Pflücken der Beeren bis zum Verschließen der Gläser macht dann die ganze Familie mit. Eine solche Familien-Marmelade wird viel lieber gegessen als eine gekaufte.

▶ **Bananen-Blaubeer-Shake, Melonen-Himbeer-Milch, Ananas-Mango-Shake (Seite 28)**

Beeren-Smoothie

Lieblingsdrink bei Groß und Klein

▶ Für 1 Person

gelingt leicht ⏲ 5 Min.

50 g tiefgekühlte, gemischte Beeren · 1 Banane · 350 ml Buttermilch · 2 EL zarte Haferflocken · evtl. 1 EL Zucker

- Die Beeren kurz antauen lassen. Die Banane schälen. Beides in den Mixer oder ein hohes Gefäß geben. Mit der Buttermilch aufgießen und fein pürieren. Die Haferflocken unterrühren und eventuell mit Zucker süßen.
- Das Ganze am besten im Lieblingsglas mit Strohhalm anbieten – so bekommt der Morgenmuffel ein gesundes Frühstück.

WISSEN

Welche Milch ist die richtige?

Ist Ihr Kind schlank, empfehle ich Vollmilch, da diese bezogen auf die Vitamin-D-Zufuhr gegenüber fettarmer Milch besser ist. Ansonsten sind die Unterschiede minimal. Wichtig ist, dass Kinder möglichst noch als Jugendliche regelmäßig Milch bzw. Milchprodukte essen.

Bananen-Blaubeer-Shake

Macht munter (Foto S. 27)!

▶ Für 1 Person

gelingt leicht ⏲ 5 Min.

50 g Blaubeeren, frisch oder tiefgefroren · 1 Banane · 150 g Joghurt · 100 ml Apfelsaft, naturtrüb · 2 EL Hirseflocken

- Die Blaubeeren waschen, verlesen oder kurz antauen. Die Banane schälen. Beides in den Mixer oder ein hohes Gefäß geben. Mit Joghurt und Apfelsaft aufgießen und das Ganze fein pürieren. Die Hirseflocken unterrühren. Den Bananen-Blaubeer-Shake am besten im Lieblingsglas mit Strohhalm anbieten.

Kakao mit Hafermilch

Für Milchverweigerer mit leicht nussiger Note!

▶ Für 1 Person

geht schnell ⏲ 3 Min.

2 EL Kakaopulver · 200 ml Hafermilch

- Das Kakaopulver in die Hafermilch einrühren und den Kakao leicht erwärmen. Mit einem Milchaufschäumer Luft unter den Kakao schlagen – und schon schmeckt der Kakao wunderbar.

Ananas-Mango-Shake

Spongebob wäre begeistert (Foto S. 27)!

▶ Für 1 Person

exotische Zutaten ⏲ 7 Min.

½ Mango · 100 g Ananas (ungezuckert aus der Dose) · 125 ml Ananassaft · Saft von 1 Orange · 50 ml Kokosmilch

- Die Mango schälen und das Fruchtfleisch vom Stein schneiden. Zusammen mit der Ananas, dem Ananas- und Orangensaft sowie der Kokosmilch in einen Mixer geben und pürieren.

Melonen-Himbeer-Milch

Sommerfrische am Morgen (Foto S. 27)

▶ Für 1 Person

gelingt leicht ⏲ 7 Min.

¼ Honigmelone · 100 g Himbeeren · 200 ml Vollmilch · 2 EL blütenzarte Haferflocken

- Honigmelone schälen und die Kerne mit einem Esslöffel herauskratzen. Die Melone in mundgerechte Stücke schneiden. Himbeeren waschen und zusammen mit der Melone in einen Mixer geben und pürieren. Die Milch hinzugießen und die Haferflocken einrühren.

Gerollte Eierpfannkuchen

Rutscht besser als Brot.

▶ Für 4 Pfannkuchen
braucht etwas mehr Zeit · 20 Min.
2 Eier · 100 g Weizenvollkornmehl · 120 ml Milch · 1 EL Rapsöl · 1 EL Butter · Marmelade zum Bestreichen

- Die Eier mit dem Mehl und der Milch zu einem flüssigen Pfannkuchenteig verschlagen. Wenn Zeit ist, etwas ruhen lassen. Das Öl zusammen mit der Butter in eine Pfanne geben und nacheinander 4 Pfannkuchen backen. Pfannkuchen mit Marmelade bestreichen, aufrollen. Wenn Kinder sie mit der Hand essen dürfen, schmecken Sie noch besser!

Tipp
Rühren Sie den Teig schon morgens direkt nach dem Aufstehen an. Die Pfannkuchen können auch am nächsten Tag wieder aufgebacken oder in der Mikrowelle erwärmt werden. Pfannkuchen zum Frühstück können bei schlechten Essern eine gute Basis für den stressigen Schultag sein.

Haferflockensüppchen

Man liebt oder hasst sie!

▶ Für 1 Person
preisgünstig · 10 Min.
200 ml Milch · 4 – 5 EL blütenzarte Haferflocken · 1 Prise Salz · 2 EL Zucker

- Die Milch zum Kochen bringen, dann die Haferflocken einrühren und dabei rühren, bis die Suppe sämig wird. Haferflockensüppchen in einen tiefen Teller geben und mit Zucker bestreut servieren.

Tipp
Lassen Sie Ihr Kind den Zucker selbst hinzufügen. Auch Honig und Dicksäfte sind beliebt bei Kids, besonders deshalb, weil man mit ihnen noch Muster auf die Oberfläche malen kann.

Süße Grießsuppe

Nicht nur für Kranke!

▶ Für 1 Person
preisgünstig · 10 Min.
200 ml Milch · 3 EL Grieß · 1 Prise Salz · 2 EL Zucker

- Die Milch zum Kochen bringen. Den Grieß einrühren und dabei rühren, bis die Suppe sämig wird. Grießsuppe in einen tiefen Teller geben und mit Zucker bestreut servieren.

▶ Variante:
Für viele pur ein Genuss, aber Sie können auch Früchte in mundgerechten Stücken unter die Suppe heben.

Tipp
Viele Kinder mögen es bunt – geben Sie etwas Fruchtsirup anstelle von Zucker in die Grießsuppe. Manche mögen Grießsuppe auch kalt, da sie dann sämiger bzw. fester ist. Im gut verschließbaren Plastiktopf mit Löffel ist sie auch als Pausenbrotersatz geeignet.

Stärkendes Frühstück für einen langen Schultag

Es gibt Kinder, die haben morgens schon einen Mordshunger – ein morgendlicher Sattmacher muss her, um die über Nacht leer gewordenen Energietanks wieder aufzufüllen. Wer sich morgens mit seinen Kindern in entspannter Atmosphäre an den gedeckten Frühstückstisch setzt, schafft die idealen Voraussetzungen für einen gelungenen Schultag.

Starthilfe für Körper und Geist

Eine Starthilfe für Körper und Geist sind die Kohlenhydrate. Zucker aus Kakao, Marmelade und Cornflakes bringen den Körper sofort in Schwung. Ihre Wirkung verpufft aber leider auch schnell wieder. Vollkornbrot und Getreideflocken enthalten Kohlenhydrate und Ballaststoffe, die langfristig Energie liefern und daher besonders für den langen Schultag zu empfehlen sind. Ergänzt durch Joghurt, Buttermilch, eine Scheibe Käse oder ein Glas Milch bekommen die Kids zudem Kalzium und Eiweiß. Ideal wäre ein Stück Obst oder Gemüse, um für ausreichend Vitamine zu sorgen. Das Trinken ist wichtig, denn schon ein Flüssigkeitsverlust von 2 Prozent mindert die Konzentrationsfähigkeit. Ideal ist Milch, aber auch Tee, Wasser oder ein Fruchtsaft sind besser als nichts.

Gemeinschaft = Entspannung für Kids

Am besten lässt es sich in der Gemeinschaft frühstücken, dabei sollten im Idealfall alle füreinander Zeit haben und sich auf das Frühstück konzentrieren. Die Schule mit ihren vielen Verpflichtungen sollte noch nicht der Gesprächsmittelpunkt sein. Denn der Gedanke an eine ungeliebte Klassenarbeit kann die Lust aufs Frühstücken deutlich reduzieren. Mit Entspannung und Freude sollte der Tag begonnen werden und daher sind unverfängliche Themen bzw. Lieblingsthemen der Kids Gesprächsstoff der ersten Wahl. Ein laufendes Radio im Hintergrund oder die Zeitung auf dem Frühstückstisch sind alles Dinge, die ablenken und nicht gut tun.

Frühstück abends vorbereiten

Wer schon abends alles vorbereitet, was möglich ist, kann sich morgens schneller an den Tisch setzen und sein Frühstück genießen. Am Abend vorher kann man bereits den Tisch mit allem decken, was nicht im Kühlschrank aufbewahrt werden muss: Teller oder Müslischüssel, Tassen und Besteck, Honig, Kakao, Müsli und Obst. So müssen morgens beispielsweise nur noch Milch, Wurst und Käse aus dem Kühlschrank geholt werden. Die Kaffeemaschine könnte schon mit Kaffeepulver und Wasser gefüllt sein, sodass ein Knopfdruck ausreicht und für den Teetrinker lässt sich der Heißwasserkocher und der Teebeutel schon vorbereiten.

Frühstück am Wochenende

Am Wochenende frühstücken die meisten Familien gerne ausgiebig. Dann ist mehr Zeit und es werden besondere Rituale gepflegt. Da gibt's frische Brötchen, aber auch anderes könnte zur Gewohnheit werden – beispielsweise am Wochenende stets Obstsalat zum Frühstück zu essen. Auch frisch gepresster Orangensaft ist bei einigen Familien in das Frühstücksprogramm am Wochenende integriert. Mit den kleinen Besonderheiten schmeckt das Frühstück gleich doppelt gut und das Wochenende beginnt mit richtig guter Laune. Besonders dann, wenn Kids es sich zur Gewohnheit machen, beim Auf- und Abdecken des Tisches oder beim Schnippeln des Obstsalats zu helfen.

Wenn das Frühstück auch das Mittagessen ersetzen soll, sind neben gekochten Eiern und Rührei auch gebundene Gemüsesuppen sehr beliebt. Sie sind eine ideale Ergänzung zum klassischen Frühstück.

► **Heidelbeer-Buttermilch-Cornflakes, Bircher Benner Müsli, Knusper-Müsli (Seite 32)**

tea fruit tea fruit

Müsli-Getreideflocken-Mischung

Selbst gemixt ist preiswerter.

▶ Für den Vorrat
geht schnell ⏲ 5 Min.

50 g Mandelstifte · 50 g Cranberrys · 100 g Schokoladenraspeln · 500 g Mehrkorngetreideflocken

- Die Mandelstifte ohne Zugabe von Fett in einer Pfanne rösten und abkühlen lassen. Die Cranberrys grob hacken und zusammen mit den Mandelstiften und Schokoladenraspeln unter die Mehrkorngetreideflocken mischen.
- Das Müsli in einer luftdichten Dose an einem kühlen und trockenen Ort aufbewahren.

▶ Variante

So können Sie aus der Flockenmischung eine komplette Mahlzeit zubereiten: Banane oder anderes Obst in Stücke schneiden, 3 – 4 EL Müsli und 150 g Joghurt in eine Schüssel geben und verrühren.

Knusper-Müsli

Lust auf etwas Knackiges (Foto S. 32)

▶ Für den Vorrat
braucht etwas mehr Zeit ⏲ 20 Min.

50 g Haselnusskerne · 50 g Sonnenblumenkerne · 500 g grobe Haferflocken · 100 g getrocknete Aprikosen · 100 g getrocknete Kirschen · 100 g Cornflakes

- Haselnusskerne und Sonnenblumenkerne grob hacken. Dafür ein schweres Messer oder einen Blitzhacker verwenden. In einer beschichteten Pfanne zuerst die Haselnusskerne und Sonnenblumenkerne ohne Zugabe von Fett rösten. In eine Schüssel geben und auskühlen lassen. Dann in mehreren Portionen die Haferflocken leicht anrösten und zu den Kernen in die Schüssel geben.
- Aprikosen in kleine Würfel schneiden und die Kirschen grob hacken. Die getrockneten Früchte mit den Cornflakes unter die anderen Zutaten vermengen. Dann das Ganze in einer Dose an einem kühlen und trockenen Ort luftdicht verschlossen aufbewahren.

Blaubeer-Buttermilch-Cornflakes

Lust auf Sommer (Foto S. 32)

▶ Für 1 Person
geht schnell ⏲ 5 Min.

100 g Blaubeeren · 1 EL Zucker · 150 ml Buttermilch · 3 EL Cornflakes

- Die Blaubeeren waschen und verlesen. Zusammen mit dem Zucker in eine Schüssel geben. Die Buttermilch über die Blaubeeren gießen. Mit Cornflakes bestreuen und sofort servieren.

Bircher-Benner-Müsli

Rutscht immer (Foto S. 32)!

▶ Für 1 Person
preisgünstig ⏲ 7 Min.

1 kleiner Apfel · 2 EL Zitronensaft · 1 EL Mandelstifte · 3 EL kernige Haferflocken · 150 g Joghurt

- Den Apfel waschen, vierteln, das Kerngehäuse entfernen und fein raspeln. Mit Zitronensaft beträufeln und in eine Schüssel geben. Die Mandelstifte und Haferflocken hinzufügen und den Joghurt unterrühren.

American Pancakes mit Haferflocken

Lassen sich auch kalt in die Brotbox packen.

▶ Für etwa 12 Stück

preisgünstig ⏲ 15 Min.

150 g Mehl · 50 g Haferflocken · 1 EL Backpulver · ½ TL Salz (beliebig) · 240 ml Milch · 1 Ei · 2 EL Öl

- Alle trockenen Zutaten vermischen. Milch, Ei und Öl hinzufügen. Verrühren, sodass die trockenen Zutaten nass sind. Eine beschichtete Pfanne leicht einfetten, erhitzen und etwa ¼ Tasse Teig in die Pfanne geben.
- Die Pancakes umdrehen, wenn Blasen entstehen und der Rand der Pancakes trocken ist.

▶ Variante:

Blaubeeren oder geschnittene Äpfel können unter den Teig gemischt werden. Mit Ahornsirup servieren.

Omelett mit Schinken

Schmeckt auch schon vor der Schule.

▶ Für 4 Personen

gelingt leicht ⏲ 20 Min.

6 Eier · 6 EL Milch · 75 g Schinkenwürfel · 6 EL Schnittlauchröllchen · Salz · Pfeffer · 1 EL Rapsöl

- Die Eier in eine Schüssel aufschlagen und mit der Milch verquirlen. Schinkenwürfel und Schnittlauchröllchen untermengen. Salzen und pfeffern.
- In einer beschichteten Pfanne das Öl erhitzen. Die Hälfte der Eiermasse hineingeben und etwa 3–4 Min. stocken lassen. Das Omelett wenden und von der andren Seite etwa 1 Min. braten. Dann halbieren und auf 2 Tellern verteilen. Das zweite Omelett genauso zubereiten und halbieren.

▶ Variante:

Vegetarisch und kernig lässt sich das Omelett zubereiten, wenn Sie zuvor 1 EL Sesamsamen, Kürbis- und Sonnenblumenkerne in der Pfanne rösten und diese in die stockende Masse einstreuen.

Rührei mit Lachs

Prima fürs Wochenende

▶ Für 4 Personen

gelingt leicht ⏲ 10 Min.

6 Eier · 6 EL Milch · Salz · weißer Pfeffer · 1 EL Rapsöl · 1 EL Butter · ½ Bund Dill · 100 g geräucherter Lachs

- Die Eier aufschlagen und mit der Milch verquirlen. Salzen und pfeffern. Öl und Butter in einer beschichteten Pfanne erhitzen. Eiermasse hineingießen und bei reduzierter Hitze stocken lassen. Dabei mit einem Pfannenwender die Eiermasse immer wieder zusammenschieben.
- Inzwischen den Dill waschen und trocken tupfen, anschließend fein hacken. Den Lachs in Streifen schneiden. Beides kurz unter das gestockte Rührei heben und das Rührei auf 4 Tellern verteilen.

Mango-Pistazien-Streich

Fruchtig orientalisch!

▶ **Für 4 Personen**

exotische Zutaten ⏲ 15 Min.

3 EL Pistazienkerne · 1 kleine Mango · 80 g Doppelrahmfrischkäse · 100 g Joghurt · ¼ TL gemahlener Kardamom · 2 EL Honig

- Die Pistazienkerne in einer Pfanne ohne Fett rösten, bis sie leicht braun werden. Abkühlen lassen und grob hacken. Die Mango schälen und das Fruchtfleisch längs am Stein abschneiden. Die Hälfte davon fein würfeln, den Rest in ein hohes Gefäß oder einen Mixer geben.
- Frischkäse und Joghurt hinzufügen und mit einem Pürierstab pürieren. Die Creme mit Honig und Kardamom abschmecken und die Pistazienkerne und Mangowürfel unterheben.

▶ **Variante:**

Die Paste auf Weizenbrote streichen und noch Himbeeren auf die Paste geben. Ein Genuss.

Kokos-Bananen-Streich

Mit einem Hauch von Exotik in den Tag starten.

▶ Für 4 Personen
gelingt leicht ⏲ 10 Min.
50 g Kokosflocken · 75 ml Kokosmilch · 1 Banane · 1 EL Zitronensaft · ¼ TL Kardamom

- Die Kokosflocken in der Kokosmilch einweichen. Die Banane schälen, mit einer Gabel zerdrücken und den Zitronensaft unterrühren. Die Kokosmasse untermengen und mit Kardamom würzen.

Cranberry-Frischkäse-Streich

Fruchtig und mild im Geschmack

▶ Für 4 Personen
geht schnell ⏲ 7 Min.
1 unbehandelte Orange · 4 EL getrocknete Cranberrys · 100 g Frischkäse · 3 EL Magerquark

- Die Orange heiß abspülen und abtrocknen. Die Schale abreiben und den Saft auspressen. Die Cranberrys mit einem großen Küchenmesser fein hacken. Den Frischkäse mit Quark und Orangensaft glatt rühren. Die Orangenschale und die Cranberrys unterheben.

Radieschen-Quark-Dip

Jeder Zwerg lernt so Radieschen lieben.

▶ Für 4 Personen
preisgünstig ⏲ 10 Min.
½ Bund Radieschen · 2 Frühlingszwiebeln · 5 Petersilienstängel · 250 g Magerquark · 100 g Joghurt · 1 EL Rapsöl · ¼ TL Salz · Pfeffer

- Die Radieschen waschen und putzen, dann raspeln. Die Frühlingszwiebeln in sehr feine Ringe schneiden. Die Petersilie waschen und fein hacken. Die fein gehackten Zutaten mit Quark, Joghurt und Rapsöl verrühren. Mit Salz und Pfeffer abschmecken.

Liptauer

In Österreich ein Klassiker!

▶ Für 4 Personen
preisgünstig ⏲ 7 Min.
50 g Gewürzgurke · 50 g sehr weiche Butter · 250 g Magerquark · 1 EL Paprikapulver, edelsüß · 1 TL Senf · ¼ TL Salz · Pfeffer · etwas gemahlener Kümmel

- Die Gewürzgurken sehr fein hacken. Die Butter unter den Quark rühren, bis eine homogene Masse entsteht. Dann die Gewürzgurken und den Senf und das Paprikapulver einrühren. Zum Schluss mit Salz, Pfeffer und Kümmel abschmecken.

Dattel-Nuss-Streich

Ein winterlicher Aufstrich

▶ Für 4 Personen
gut vorzubereiten ⏲ 20 Min.
1 unbehandelte Orange · 100 g Datteln · 2 EL Birnendicksaft · 100 ml Apfelsaft · 40 g Mandelstifte · ½ TL Zimt · 1 EL Kakao · 4 EL weiche Butter

- Die Orange heiß abspülen und abtrocknen. Die Schale abreiben und den Saft auspressen. Die Datteln entsteinen und würfeln. Datteln mit Orangensaft, Apfelsaft und Birnendicksaft in einen Topf geben. Kurz aufkochen und bei schwacher Hitze 5 Min. köcheln lassen.
- Die Dattelmasse mit dem Pürierstab oder im Mixer pürieren. Mandeln grob hacken. Orangenschale, Zimt und Kakao zusammen mit der weichen Butter unter die Paste rühren. Zum Schluss die Mandeln unterheben und noch einmal abschmecken.

Forellencreme

Wicki würde sich die Finger danach lecken.

▶ Für 4 Personen
gelingt leicht ⏲ 10 Min.
2 geräucherte Forellenfilets · 3 EL Crème fraîche · 1 EL Zitronensaft · 1 TL Senf · 1 Prise Salz · weißer Pfeffer

- Forellenfilets grob hacken und in einen hohen Rührbecher geben. Crème fraîche, Zitronensaft und Senf dazugeben und das Ganze mit einem Pürierstab oder im Mixer pürieren. Mit Salz und Pfeffer abschmecken.

▶ Variante:
Anstelle von Forellenfilets können Sie auch Lachs verwenden.

Rote-Bete-Matjes-Quark

Skandinavischer Satt- und Muntermacher

▶ Für 4 Personen
gut vorzubereiten ⏲ 15 Min.
1 kleine vorgegarte Rote Bete · 1 EL Zitronensaft · 2 EL saure Sahne · 100 g Magerquark · ½ Apfel · 3 Matjesfilets · ½ Zwiebel · ½ Bund Dill · Salz · Pfeffer · 1 TL Zucker

- Rote Bete in kleine Würfel schneiden. Die Hälfte davon mit saurer Sahne, Zitronensaft und Quark mit dem Pürierstab oder im Mixer pürieren.
- Apfel waschen, vom Kerngehäuse befreien und fein würfeln. Matjesfilets kalt abspülen und fein würfeln. Die Zwiebel abziehen und fein hacken. Den Dill waschen und fein hacken. Alle vorbereiteten Zutaten mit der Rote-Bete-Paste vermengen. Zum Schluss mit Salz, Pfeffer und Zucker abschmecken.

Krabben-Kresse-Quark

Kulinarischer Gruß von der Nordsee

▶ Für 4 Personen

geht schnell ⏲ 7 Min.

150 g Magerquark · 50 g Schmand · 1 TL Tomatenmark · Salz · Pfeffer · 1 TL Zucker · 100 g Nordseekrabben (gegart und gepult) · 1 Kästchen Kresse

- Quark mit Schmand und Tomatenmark verrühren. Mit Salz, Pfeffer und Zucker abschmecken. Die Nordseekrabben kalt abspülen und trocken tupfen. Etwa die Hälfte fein hacken und unter die Paste rühren.
- Die Kresse mit einer Schere abschneiden, waschen und zusammen mit den restlichen Nordseekrabben unter die Paste heben.

Für die Pause – mit Aufessgarantie

Das Frühstück allein reicht in der Regel nicht aus, dass Kinder für einen langen Schultag fit bleiben. Doch viele Kids wollen irgendwann keine Brotbox mehr mitnehmen. Dann müssen Sie sich etwas Leckeres einfallen lassen, damit die Kinder wieder neugierig werden.

»Ja!« zum Pausenbrot

Pausenbrote werden von Eltern und Pädagogen gefordert, doch bei den Kids sind sie äußerst unbeliebt. So manches Pausenbrot findet man nachmittags im Schulranzen, und zu gerne kaufen Kinder Süßes am Schulkiosk. Interessantere Schulbrote, die sich optisch von den anderen unterscheiden, sind die Lösung. Brote, die als Türmchen gestapelt oder aufgespießt sind, regen die Fantasie der Kids an und machen aus einer schnöden Brotschnitte eine abwechslungsreiche Zwischenmahlzeit. Wenn der Brotanteil zu groß ist, schmeckt das Pausenbrot schnell trocken und findet wenig Anklang. Also sollte zu Brot immer dick Belag und am besten etwas Erfrischendes dabei sein. So steigt die Lust an gesunden Pausenbroten und zur Abwechslung darf sich auch mal ein Vollkornmüslikeks in die Frühstücksbox verirren.

Getränk nicht vergessen

Neben dem Essen sollte heute auch immer etwas zu trinken im Schulranzen zu finden sein. Der Durstlöscher Nummer Eins ist nach wie vor Wasser. Doch auch hier kann dem Trinken nachgeholfen werden: mit Saftschorlen, beispielsweise Apfelschorle. Saftschorlen sollten jedoch zum überwiegenden Anteil aus Wasser bestehen und der Fruchtsaftanteil sollte gering sein. Kinder, die nicht oder nur wenig am Morgen essen und dabei wenig wiegen, dürfen sich in der Schule dann mit Milch oder auch Fruchtsaft einen Teil der Energie holen. Auch ein Trinkjoghurt oder ein fertiger Smoothie sind bei kaufaulen Kids Gold wert. 200 bis 250 ml sind eine sinnvolle Größe als Zwischenmahlzeit. Neben dem klassischen Brot ist eine Dose mit Obst, das klein geschnitten ist, prima. Damit es nicht bei Apfelspalten bleibt, können Sie für weicheres Obst eine Plastikgabel wie sonst bei Pommes frites üblich dazulegen. So wird das Obst meist schon interessanter.

Zur Selbständigkeit anleiten

Je älter Ihre Kids werden, umso mehr sollten Sie Ihren Nachwuchs dazu auffordern, die Pausenbrote selbst zu machen. Der Minimalist packt dann ein paar Reiswaffeln ein, der Fan von belegten Wurstbroten schmiert sich dicke Salamibrote. Auch wenn beides nicht ideal sein mag, sollten Sie nicht mosern, sondern froh sein, dass die Kinder zumindest alles selbständig vorbereiten und sich nicht auf andere verlassen.

Obstsalat für alle

Insbesondere bei Mädchen, aber auch bei Jungs zieht frisch gemachter Obstsalat und zwar aus Zutaten der Saison. Es reichen meist auch schon 2 Obstsorten, wie z. B. Erdbeere und Melone, Apfel und Weintraube, Mandarine und Banane. Auch wenn das morgens etwas Arbeit macht, wenn jeder von Ihnen eine Dose mit zur Arbeit oder Schule nimmt, dann ist das eine Selbstverständlichkeit, die vielleicht mal mit kleinen Unterbrechungen, eine ganz normale Angewohnheit wird, wie das Zähneputzen nach den Mahlzeiten.

»Nein« zu Süßigkeiten

Auch wenn Mitschüler Süßigkeiten oder Limo als Pausensnack mit in die Schule bringen, sollten sie hart bleiben. Diese Snacks – ob Milchschnitte, Knoppers oder Müsliriegel – enthalten vor allem Zucker und viel Fett. Sie sollten etwas Besonderes sein und gehören daher nicht täglich in den Ranzen. Bei einer Klassenfahrt oder nach dem gefürchteten Diktat sind sie mal als Ausnahme okay.

▶ Orientalisch gefüllte Pitabrote (Seite 41)

Puten-Wrap mit Gurke

Erfrischend an heißen Sommertagen

▶ Für 1 Person
braucht etwas mehr Zeit ⌚ 10 Min.
20 g Doppelrahmfrischkäse · ½ TL mittelscharfer Senf · Salz · Pfeffer · 1 Weizentortilla · 1 Handvoll Rucola · ¼ Salatgurke · 30 g Putenaufschnitt

- Frischkäse mit dem Senf verrühren. Mit Salz und Pfeffer würzen. Die Tortilla nach Packungsanweisung in einer heißen Pfanne ohne Zugabe von Fett von beiden Seiten kurz erhitzen. Die Tortilla mit der Frischkäsecreme bestreichen, dabei einen 1 cm breiten Rand freilassen.
- Rucola waschen und grob zerpflücken. Die Gurke schälen und in 1 cm dicke Streifen schneiden. Tortilla mit dem Aufschnitt belegen, Gurke und Rucola darauf verteilen. Tortilla fest aufrollen und schräg halbieren. In Frischhaltefolie stramm verpackt in die Frühstücksbox geben.

Vollkornbrot mit Schinken und Kresse

Viel Belag macht das Schulbrot schön frisch.

▶ Für 1 Person
gut vorzubereiten ⌚ 7 Min.
2 Blätter grüner Salat · 2 Scheiben Vollkornbrot · 1 TL Butter · 1 Scheibe gekochter Schinken · 2 EL Gartenkresse · 1 Scheibe Käse

- Die Salatblätter waschen, putzen und gut abtropfen lassen. Die Brotscheiben jeweils dünn mit Butter bestreichen. Die Salatblätter und den Schinken darauflegen, die Kresse darauf verteilen und mit Käse abschließen. Mit der zweiten Brotscheibe abdecken und fest andrücken. In Frischhaltefolie gewickelt in eine Brotbox geben.

Ciabatta mit Tomate und Mozzarella

Nicht nur für kleine Italiener!

▶ Für 1 Person
geht schnell ⌚ 5 Min.
1 Ciabattabrötchen · 1 EL Basilikumpesto · 1 Tomate · ½ Kugel Mozzarella

- Das Ciabattabrötchen aufschneiden und mit Pesto bestreichen. Tomate waschen und in Scheiben schneiden. Mozzarella ebenfalls in Scheiben schneiden.
- Tomaten und Mozzarella dachziegelartig und abwechselnd auf der Brötchenunterhälfte verteilen. Die Brötchenoberhälfte daraufsetzen und fest andrücken. In Frischhaltefolie gewickelt in eine Brotbox legen.

Orientalisch gefüllte Pita-Brote

Mit Sindbads Zauberlampe (Foto S. 39)

▶ Für 1 Person
exotische Zutaten ⏲ 10 Min.
1 Pita-Brot-Tasche · 2 getrocknete Datteln · 3 Blätter Radicchio · 4 EL Hüttenkäse · 1/4 TL Currypulver · 1 TL Schwarzkümmel

- Die Pita-Brot-Tasche toasten. Die Datteln entkernen und fein hacken. Den Radicchio waschen, trocken schütteln und in feine Streifen schneiden. Hüttenkäse mit Datteln und Radicchio vermengen. Mit Curry und Schwarzkümmel abschmecken.
- In die Pita-Brot-Tasche ein Loch zum Einfüllen des Belags schneiden. Die Hüttenkäse-Salat-Masse einfüllen und mit Frischhaltefolie verpackt in den Schulranzen geben.

Wursthäppchen

Aufgespießt macht neugierig.

▶ Für 1 Person
geht schnell ⏲ 5 Min.
2 Scheiben rechteckiges Vollkornbrot · 2 TL Butter · 2 Scheiben feine Fleischwurst · 2 Kirschtomaten · 1 kleines Stück Gurke

- Die Brotscheiben mit Butter bestreichen. Die Fleischwurst darauflegen und die beiden Brotscheiben zusammenklappen. Brot in 4 Quadrate schneiden. Die Kirschtomaten waschen und halbieren. Von der Gurke 4 Scheiben abschneiden.
- Die Gurkenscheiben auf die Brotstücke verteilen. Eine Kirschtomate mit der Schnittstelle auf die Gurken setzen und zum Schluss die Häppchen mit einem Zahnstocher fixieren. Die Wursthäppchen in eine verschließbare Brotbox setzen.

Knäcke-Nusscreme-Doppeldecker

Schmeckt besonders gut als Tröster.

▶ Für 1 Person
geht schnell ⏲ 5 Min.
2 Scheiben Roggenknäckebrot · 2 EL Nuss-Nougat-Creme · 1 Nektarine

- Die Knäckebrotscheiben mit Nuss-Nougat-Creme bestreichen. Die Nektarine waschen und halbieren. Den Stein entfernen und die Nektarine in Spalten schneiden. Die Nektarinenspalten auf eine Knäckebrotscheibe setzen und mit der anderen Scheibe abdecken. In Frischhaltefolie verpackt in die Brotbox geben.

Brezelspieße

Wenn Bayern kreativ werden.

▶ Für 1 Person
geht schnell ⏲ 5 Min.
100 g Radieschen · 50 g Emmentaler · 1 Laugenbrezel

- Die Radieschen putzen und waschen. Sehr große Radieschen halbieren. Den Käse in etwa 1 cm große Würfel schneiden. Die Brezel in mundgerechte Stücke schneiden. Auf Holzspieße im Wechsel Brezelstücke, Radieschen und Käse aufspießen und in Frischhaltefolie gewickelt in den Schulranzen geben.

Toast-Türmchen

Hochgestapelt für alle Fälle

▶ **Für 8 Toasttürme**
gelingt leicht ⏲ **7 Min.**
8 Scheiben Vollkorntoast · ½ Paprikaschote · **4 Blätter** Römersalat · **4 EL** fein gehackte Petersilie · **150 g** Doppelrahm-frischkäse

- Toastscheiben entrinden. Paprika waschen, putzen und fein würfeln. Den Salat waschen, putzen und in feine Streifen schneiden. Die Petersilie unter die Frischkäsemasse mengen. Toastbrote dünn mit Frischkäse bestreichen. Auf 2 Scheiben die fein gewürfelte Paprika verteilen und auf 2 Scheiben den Salat verteilen. Dann jeweils mit 1 Scheibe Toast mit der Frischkäseseite nach unten belegen und etwas zusammendrücken. Nun die Doppeldecker-Toastscheiben mit Frischkäse bestreichen und diese mit den Frischkäseseiten zusammensetzen.
- Den Toastturm in Viertel schneiden, sodass Türmchen entstehen. Die Türmchen in Frischhaltefolie wickeln und dann in die Brotbox legen.

▶ **Variante:**
Anstelle von Paprika können Sie auch fein gehobelte Karotten, Kohlrabi, Rettich oder Radieschen verwenden.

Müsli-Cookies

Gesundes Naschen

▶ Für 18 Stück

gelingt leicht

10 Min. + 15 Min. Backzeit

250 g Weizenvollkornmehl · 75 g kernige Haferflocken · 1 TL Natron · 1 TL Backpulver · ¼ TL Salz · 200 g Zucker · 1 Päckchen Vanillezucker · 200 g Butter · 2 Eier · 60 g Cornflakes (mit dem Handballen leicht zerdrückt) · 100 g Kokosflocken

- Mehl, Haferflocken, Natron, Backpulver und Salz in einer Schüssel vermischen. Den Backofen auf 180 Grad (Umluft 160 Grad) vorheizen. Zucker, Vanillezucker, Butter und Eier in eine Rührschüssel geben und schaumig schlagen. Mehlmischung unterrühren.
- Cornflakes mit dem Handballen leicht zerdrücken und mit den Kokosflocken unter den Teig heben. Ein Blech mit Backpapier auslegen und mithilfe von 2 Esslöffeln große und flache Häufchen aufs Backpapier drücken. Darauf achten, dass ausreichend Abstand zwischen den Teighaufen ist. Die Cookies etwa 15 Min. auf mittlerer Schiene backen. Einen Cookie in die Brotbox mit zur Schule geben.

Apfelquark mit Pfirsich

Süßer Pausentraum zum Löffeln

▶ Für 1 Person

gelingt leicht 7 Min.

1 Pfirsich · 100 g Magerquark · 100 g Apfelmus · 1 TL Birnendicksaft · 1 Msp. Zimt

- Den Pfirsich waschen, entkernen und klein schneiden. Den Quark mit dem Apfelmus verrühren. Die Pfirsichstückchen unterheben. Den Quark mit Birnendicksaft und Zimt abschmecken. Das Ganze in eine gut verschließbaren Plastikdose oder ein Twistoff-Glas füllen. Den Löffel nicht vergessen, am besten in eine Serviette gewickelt mitgeben.

Nuss-Früchte-Mischung

Kinderfutter anstelle von Studentenfutter

▶ Für 1 Person

geht schnell 2 Min.

1 EL Walnüsse · 1 EL Haselnüsse · 1 EL Mandeln · 1 EL Apfelringe · 1 EL Bananenchips

- Alle Zutaten vermengen. Pro Tag wird dann 1 Handvoll der Mischung in eine gut verschließbare Box gepackt.

Tipp

Stellen Sie gleich eine große Menge her. Vermengen Sie stets verschiedene Nüsse mit verschiedenen Trockenfrüchten.

Der Balkongarten: selbst anbauen und verarbeiten

Selbst Angebautes schmeckt Kindern immer besser als Gekauftes – vor allem, wenn sie fleißig mithelfen dürfen. Probieren Sie es aus! Auf dem Naschbalkon – bestenfalls mit Südlage – wachsen sogar Tomaten und Paprika.

Paprika-Bulgur

Schmeckt auch kalt!

▶ Für 2 Personen
gelingt leicht
10 Min. + 10 Min. Garzeit

1 rote Paprikaschote · 1 Knoblauchzehe · 1 EL Olivenöl · 120 g Bulgur · 100 ml Gemüsebrühe · 100 ml Tomatensaft · 1 Handvoll glatte Petersilie · Salz · einige Spritzer Tabasco · 1 TL Zucker

- Paprika waschen, putzen und fein würfeln. Knoblauch abziehen und fein hacken. Das Olivenöl erhitzen und die Paprikawürfel darin anbraten. Den Bulgur hinzufügen und kurz anschwitzen. Knoblauch unterrühren. Mit Brühe und Tomatensaft ablöschen und bei milder Hitze zugedeckt etwa 10 Min. garen.
- Inzwischen die Petersilie waschen, zupfen und die Blättchen grob hacken. Paprika-Bulgur mit Salz, Tabasco und Zucker abschmecken. Die Petersilie zum Schluss untermengen. Heiß, lauwarm oder auch kalt genießen.

Basilikum-Pesto

Klassisch italienisch!

▶ Für 4 Personen
gut vorzubereiten 15 Min.

40 g Basilikum · 2 EL Pinienkerne · 3 Knoblauchzehen · 4 EL frisch geriebener Parmesan · 125 ml Olivenöl · Salz

- Basilikum zupfen und die Blätter waschen. Basilikumblätter grob hacken. Die Pinienkerne in einer beschichteten Pfanne ohne Zugabe von Fett anrösten. Dann auf einen Teller geben und auskühlen lassen.
- Knoblauch abziehen und grob hacken. Alles zusammen mit dem Käse und einem Teil des Öls in einen Mixer oder ein hohes Gefäß geben und mit dem Mixer oder Pürierstab fein pürieren. Öl nach und nach dazugeben, bis das Pesto schön sämig ist.

▶ Das passt dazu:
Lecker zu Spaghetti, aber das Pesto eignet sich auch prima als Brotaufstrich.

Gefüllte Kirschtomaten

Ideal fürs Büfett im Sommer

▶ Für 4 Personen
gut vorzubereiten 20 Min.

1 Knoblauchzehe · 1 Handvoll Basilikumblätter · 200 g Schafskäse · 100 g Sahne · Salz · Paprika, edelsüß · 24 Kirschtomaten

- Knoblauch abziehen und fein hacken. Die Basilikumblätter waschen und in feine Streifen schneiden. Schafskäse mit einer Gabel zerdrücken, dabei die Sahne unterrühren, bis eine spritzfähige Creme entsteht. Knoblauch und Basilikum unterrühren. Mit Salz und Paprika würzen.
- Tomaten waschen und einen Deckel abschneiden. Das Fruchtfleisch der Tomaten mit einem kleinen Löffel herauskratzen. Schafskäsecreme in einen Spritzbeutel mit großer Lochtülle füllen und die Tomaten damit randvoll füllen.

▶ Gefüllte Kirschtomaten

Petersiliensuppe

Würzig-fein!

▶ Für 4 Personen
preisgünstig
10 Min. + 20 Min. Garzeit

300 g mehlig kochende Kartoffeln · 1 Zwiebel · 1 EL Butter · 700 ml Gemüsebrühe · 60 g glatte Petersilie · 200 g Sahne · Salz · Pfeffer · Muskat · Saft von ½ Zitrone

- Kartoffeln waschen, schälen und grob würfeln. Zwiebel abziehen, fein würfeln und in der Butter glasig dünsten. Kartoffeln zugeben und mitdünsten. Brühe zugießen, aufkochen und bei mittlerer Hitze zugedeckt 20 Min. garen. Petersilie zupfen, die Blättchen in ein Sieb geben und mit kochendem Wasser übergießen. Anschließend kalt abschrecken, ausdrücken und grob hacken.
- Die Suppe mit einem Pürierstab pürieren. Petersilie mit wenig Suppe in ein Rührgefäß geben und fein pürieren, dann in die Suppe rühren. Die Sahne halb steif schlagen und die Hälfte unter die Suppe rühren. Die Suppe mit Salz, Pfeffer, Muskat und etwas Zitronensaft würzen. Auf Tellern verteilen und mit der restlichen Sahne ein Gesicht in die Suppe »zeichnen«.

Tipp

Brotreste zu Croutons würfeln, in Butter anrösten und zur Suppe geben.

▶ Mini-Schnitzel mit Salat
(Seite 48)

Mittagessen – wenn's schnell gehen muss

Selbst an freien Tagen wollen die wenigsten Mütter lange in der Küche stehen, um das Mittagessen zuzubereiten. Schnelle, leckere und gesunde Rezepte müssen her. Viele der folgenden warmen Gerichte stehen schon nach 20 Minuten auf dem Tisch. Und das Wichtigste: Sie schmecken auch den Eltern.

Organisation ist die halbe Miete

Um schnell etwas kochen zu können, ist die Organisation die Voraussetzung für den Rest. Denn nur wer die Zutaten im Hause hat, kann auch fix kochen. Wie in allen Familien gibt es die sogenannten Familiengerichte. Es handelt sich um Gerichte, die immer wieder gekocht werden. Hier kennt meist die Mutter die Zutaten aus dem Stegreif und muss sie gar nicht erst auf den Einkaufszettel schreiben. Doch um auch einmal aus dem Alltagseinerlei auszubrechen, finden Sie hier Rezepte, um die Sie Ihre Familienrezepte erweitern können. Denn Abwechslung sorgt für Überraschung und somit für die kleinen Freuden des Alltags. Welche Dinge Sie auf Vorrat haben sollten, steht auf S. 17.

Speiseplan und Einkaufslisten

Ohne Wochenspeiseplan und Einkaufszettel ist der Aufwand des Kochens sehr groß, da immer wieder neu überlegt und entsprechend eingekauft werden muss. Auch wenn es altmodisch klingt, ein Wochenplan muss her. Und danach wird möglichst vorausschauend eingekauft.

Aus Vorräten schnell etwas kochen

Ruck, zuck und nur aus Vorräten lassen sich diese Gerichte ohne Planung zubereiten. Es handelt sich um Fast Food, das aber nebenbei gesund und lecker ist.

Sie haben **Rahmspinat, Kartoffeln** und **Eier** auf Vorrat. Dann haben Sie in weniger als 30 Minuten den Rahmspinat erwärmt, Salzkartoffeln gekocht und Spiegeleier gebraten.

Für **Kartoffelrösti** brauchen Sie **Kartoffeln** und **Käse** zum Überbacken. Kartoffeln schälen und raspeln, Öl in einer beschichteten Pfanne erhitzen, Kartoffelmasse salzen, flach auf dem Pfannenboden verteilen, braten, umdrehen und mit geriebenem Käse bestreuen, Pfannendeckel drauf und den Käse schmelzen lassen.

Pellkartoffeln mit **Kräuterquark** oder **Sahnehering** ist im Nu zubereitet und ein gesundes Essen.

Spaghetti mit **Pesto**. Pesto hält mindestens 1 Jahr, und wenn gar nichts geht, dann muss man nur Nudeln kochen und rührt das Pesto unter die Pasta.

Gemüsepfanne mit **Brot**. Irgendein Gemüserest findet sich im Kühl- oder Gefrierschrank. Möhren, Champignons, Zucchini, Blumenkohl oder Brokkoli in mundgerechte Stücke schneiden und in Olivenöl braten und mit italienischen Gewürzen abschmecken. Wenig Wasser angießen und bei geschlossenem Deckel dünsten. Wenn vorhanden zum Schluss mit **Käse** belegen und diesen schmelzen lassen. Dazu Brot – lecker!

Eine **schnelle Gemüsesuppe** lässt sich in 20 Minuten kochen. Alle **Gemüsereste**, die sich im Kühlschrank befinden, putzen, in Stücke schneiden und in wenig Öl anbraten, dann Wasser angießen, Salz oder gekörnte Brühe hinzufügen, köcheln lassen, pürieren und mit Sahne oder Crème fraîche verfeinern.

Tomatensuppe ist ruck, zuck zubereitet. Eine **Dose geschälte Tomaten** pürieren und erwärmen. Etwas **Sahne** oder **Milch** mit 1 TL **Speisestärke** verrühren. In den kochenden Tomatensud rühren, mit Pesto und etwas Zucker abschmecken. Mit Frischkäse oder Parmesan verfeinern.

Bulgur mit mediterranem Gemüse: Es reicht, den Bulgur mit der doppelten Menge kochendem Wasser zu überbrühen und mit Salz oder gekörnter Brühe würzen. Paprika, Aubergine, Zucchini und/oder Tomate in etwas Olivenöl dünsten und mit italienischen Kräutern würzen. Fertig!

Schnitzel

Schnitzelpfanne mit Brotwürfeln

Ausprobieren lohnt sich!

▶ Für 4 Personen
gelingt leicht 20 Min.
4 Schweineschnitzel · 1 Chilischote · 3 rote Zwiebeln · 2 Knoblauchzehen · 3 – 5 Thymianzweige · 3 – 5 Salbeistängel · 2 unbehandelte Zitronen · 300 g Ciabatta · 5 EL Olivenöl · Salz · Pfeffer

- Schnitzel waschen, trocken tupfen und in dünne Streifen schneiden. Chilischote halbieren, putzen und fein hacken. Zwiebeln abziehen und in Spalten schneiden. Knoblauch abziehen und fein hacken. Kräuter waschen und zupfen. Die Zitronen heiß abwaschen. 1 TL Zitronenschale abreiben. Beide Zitronen halbieren und auspressen. Das Brot in 2 cm große Würfel schneiden.
- In einer großen Pfanne 2 EL Öl erhitzen, Fleisch darin anbraten mit Salz und Pfeffer würzen. Chili, Zwiebeln und Knoblauch sowie die Kräuter kurz mitbraten. Alles herausnehmen. Das übrige Öl in dieselbe Pfanne geben, Brotwürfel darin unter Wenden goldbraun anbraten. Mit der Zitronenschale würzen. Fleisch untermengen und mit dem Zitronensaft würzen. Abschließend mit Salz und Pfeffer abschmecken.

Mini-Schnitzel mit Salat

Da schlägt jeder gerne zu. (Foto S. 47)!

▶ Für 4 Personen
gut vorzubereiten 20 Min.
400 g Minutenschnitzel · Salz · Pfeffer · 1 Ei · 3 EL Stärke · 80 g Paniermehl · 350 g gemischter Blattsalat · 100 g Kirschtomaten · 4 EL Weißweinessig · 6 EL Rapsöl · 1 TL Senf · 1 TL Zucker · 2 TL Butter

- Die Schnitzel waschen und trocken tupfen. Salzen und pfeffern. Das Ei in einem tiefen Teller verquirlen und Schnitzel nacheinander in Stärke, Ei und Paniermehl wenden. Salat waschen und trocken schütteln. Tomaten waschen, putzen und halbieren. Beides auf Tellern verteilen.
- Aus dem Essig, 4 EL Rapsöl, Senf und Zucker eine Salatmarinade herstellen. Diese mit Salz und Pfeffer abschmecken. Butter und das restliche Öl in einer Pfanne erhitzen und die Schnitzel von jeder Seite etwa 2 Min. bei mittlere Hitze darin knusprig braten. Marinade über den Salat träufeln und mit 1 oder 2 Schnitzelchen servieren.

Geschnetzeltes mit Champignons

Bitte mit Nachschlag!

▶ Für 4 Personen
gelingt leicht 20 Min.
6 Minutenschnitzel à 80 g (Schwein, Kalb oder Pute) · 2 rote Zwiebeln · 300 g Champignons · 120 g Kirschtomaten · 2 EL Olivenöl · 1 Thymianzweig · Salz · Pfeffer · 100 ml Brühe · 100 g Sahne · 1 EL Senf · ½ Bund Schnittlauch

- Schnitzel kalt abspülen und quer zur Faser in etwa 1 cm breite Streifen schneiden. Zwiebeln abziehen und fein hacken. Champignons mit Küchenkrepp abreiben und in Scheiben schneiden. Tomaten waschen, putzen und halbieren. Das Fleisch portionsweise im Öl in einer beschichteten Pfanne 1 Min. anbraten. Salzen und pfeffern, herausnehmen und warm halten.
- Zwiebeln zugeben und glasig dünsten. Champignons und Tomaten hinzufügen. Thymian dazugeben und alles bei mittlerer Hitze etwa 3 Min. anbraten. Salzen und pfeffern, Brühe und Sahne angießen und weitere 3 Min. einkochen lassen. Schnittlauch waschen und in Röllchen schneiden. Das Fleisch untermengen und erwärmen. Kräftig abschmecken.

Wok-Nudeln mit gebratenem Hähnchen

Asiatisch leicht gemacht

▶ Für 4 Personen

geht schnell ⏲ 20 Min.

450 g tiefgekühlter Blattspinat · 400 g Hähnchenbrustfilet · 2 cm Ingwer · 1 Knoblauchzehe · 200 g Mie-Nudeln · 3 EL Rapsöl · 1 EL Currypulver · 4 EL Sojasauce · Pfeffer · 100 g Cashew-Kerne

- Den Spinat antauen lassen, ausdrücken und grob hacken. Die Hähnchenbrust waschen, trocken tupfen und in Streifen schneiden. Ingwer und Knoblauch schälen und fein hacken. Die Nudeln nach Packungsangabe bissfest garen. 1 EL Öl in einer großen Pfanne oder im Wok erhitzen und das Fleisch von allen Seiten goldgelb anbraten. Mit Curry bestäuben. Ingwer und Knoblauch zugeben, mitbraten und mit Sojasauce und Pfeffer würzen. Herausnehmen und beiseite stellen.
- Cashew-Kerne grob hacken. Die Nudeln in dem restlichen Öl in derselben Pfanne anbraten. Spinat, Cashew-Kerne und Fleisch hinzufügen. Dann alles unterrühren und weitere 5 Min. braten. Zum Schluss mit Sojasauce und Pfeffer abschmecken.

Mariniertes Hähnchenfilet mit Gurkensalat

Im Handumdrehen zubereitet

▶ Für 4 Personen
gelingt leicht ⏲ 40 Min.
1 Knoblauchzehe · Saft von ½ Zitrone · 150 g Vollmilchjoghurt · Salz · Pfeffer · 4 Hähnchenbrustfilets · 6 EL Olivenöl · 4 – 6 Thymianzweige · 40 g Mandelblättchen · 1 Salatgurke · ½ Bund Dill · 1 kleine Zwiebel · 4 EL Weißweinessig · ½ TL Zucker

- Knoblauch abziehen und fein hacken. Zitronensaft mit Joghurt und Knoblauch verrühren, salzen und pfeffern. Die Hähnchenbrustfilets waschen, trocken tupfen und mit der Joghurtsauce bestreichen. Den Backofen auf 180 Grad vorheizen.
- 2 EL Olivenöl in einem Bräter erhitzen, Filets darin von beiden Seiten anbraten. Thymian hinzufügen. Die Hähnchenbrustfilets etwa 20 Min. im Backofen fertig garen. Etwa 10 Min. vor Ende der Garzeit mit den Mandeln bestreuen.
- Gurke waschen und auf einem Gemüsehobel dünn hobeln. Den Dill abbrausen, zupfen und die Dillspitzen fein hacken. Die Zwiebel abziehen und ebenfalls fein hacken. Ein Salatdressing aus Essig, dem restlichen Öl, Zucker, Salz und Pfeffer herstellen. Dill und Zwiebel unterrühren und mit den Gurken vermengen. Die Hähnchenbrust mit Salat auf Tellern anrichten.

Brokkoli-Hackbällchen-Pfanne

Da sind die Teller schnell leer gegessen!

▶ Für 4 Personen
gelingt leicht ⏲ 30 Min.
700 g tiefgekühlter Brokkoli · 1 altbackenes Brötchen · 500 g gemischtes Hackfleisch · 1 Ei · Salz · Pfeffer · 700 g gekochte Kartoffeln vom Vortag · 2 rote Zwiebeln · 3 – 4 Thymianzweige · 4 EL Olivenöl · 200 ml Gemüsebrühe · Saft von ½ Zitrone

- Den Brokkoli antauen lassen. Das Brötchen in Wasser einweichen und anschließend gut ausdrücken. Hackfleisch mit dem ausgedrückten Brötchen und dem Ei vermengen. Kräftig mit Salz und Pfeffer abschmecken. Aus der Masse 24 walnussgroße Bällchen formen.
- Die Kartoffeln pellen und in Spalten schneiden. Die Zwiebeln abziehen und in Streifen schneiden. Den Brokkoli in kochendem Wasser etwa 2 Min. vorgaren. Thymian waschen und die Blättchen abzupfen.
- Die Hälfte des Öls in einer beschichteten Pfanne erhitzen, Hackbällchen darin in 2 Portionen von allen Seiten rundherum anbraten, herausnehmen und beiseite stellen. Die Kartoffeln unter Zugabe des restlichen Öls im Bratenfett goldgelb braten. Die Zwiebeln hinzufügen und mitbraten. Brokkoli und Hackbällchen untermengen und die Brühe angießen. Das Ganze weitere 5 Min. garen. Zum Schluss mit Salz, Pfeffer und Zitronensaft würzen.

Mexikanischer Eintopf

Da wird jeder satt!

▶ Für 4 Personen

geht schnell ⏲ 20 Min.

2 Knoblauchzehen · 1 Zwiebel · 400 g gemischtes Hackfleisch · 1 Ei · Salz · Pfeffer · Paprikapulver · 250 g Champignons · 2 EL Olivenöl · 1 große Dose geschälte Tomaten (800 g Abtropfgewicht) · 500 ml Hühnerbrühe · 1–2 TL Tabasco · 1 Dose weiße Bohnen (250 g Abtropfgewicht)

- Knoblauch und Zwiebel abziehen und fein hacken. Hackfleisch mit dem Ei und jeweils der Hälfte an Knoblauch und Zwiebel verkneten. Mit Salz, Pfeffer und Paprika würzen. Aus dem Fleischteig walnussgroße Bällchen formen.
- Champignons mit Küchenkrepp abreiben, putzen und in Scheiben schneiden. Öl in einem Topf erhitzen und die Hackbällchen darin rundherum anbraten. Aus dem Topf nehmen und beiseite stellen. Den restlichen Knoblauch und die Zwiebel darin glasig dünsten und die Champignons hinzufügen. Alles anbraten. Die Tomaten klein schneiden und mit dem Saft hinzufügen. Die Brühe angießen. Mit Salz, Pfeffer und Tabasco abschmecken.
- Die Bohnen auf einem Sieb abgießen, abbrausen und abtropfen lassen. In der Suppe erwärmen und zum Schluss die Hackbällchen darin 5 Min. köcheln lassen. Den mexikanischen Eintopf kräftig mit den Gewürzen abschmecken und in tiefen Tellern servieren.

Bohneneintopf mit Fleischbällchen

Schmeckt immer!

▶ Für 4 Personen

gut vorzubereiten ⏲ 30 Min.

450 g tiefgekühlte Prinzessbohnen · 2 Zwiebeln · 500 g Kartoffeln · 3 EL Olivenöl · 1 TL Thymian · 1 Dose geschälte Tomaten (800 g) · 500 ml Gemüsebrühe · Salz · Pfeffer · Zucker · 4 Basilikumstängel · 2 Knoblauchzehen · 400 g gemischtes Hackfleisch · 1 Ei · Paprikapulver · 4 EL frisch geriebener Parmesan

- Die Bohnen antauen lassen. Die Zwiebel abziehen. Eine Zwiebel in Streifen schneiden. Die Kartoffeln waschen, schälen und in mundgerechte Stifte schneiden. Das Öl in einem Topf erhitzen, die Zwiebeln darin glasig dünsten. Die Kartoffeln und den Thymian hinzufügen und kurz anbraten. Die Dosentomaten mit dem Saft und die Brühe hinzufügen. Mit Salz, Pfeffer und Zucker abschmecken und etwa 10 Min. köcheln lassen.
- Basilikumblättchen von den Stielen zupfen und mit einer Küchenschere in Streifen schneiden. Die Bohnen in mundgerechte Stücke schneiden, in die Suppe geben und weitere 5 Min. garen. Den Knoblauch abziehen und fein hacken. Die andere Zwiebel fein hacken. Hackfleisch mit dem Ei, Knoblauch und Zwiebel verkneten. Mit Salz, Pfeffer und Paprika würzen.
- Aus dem Fleischteig walnussgroße Hackbällchen formen und in einer Pfanne in heißem Öl bei mittlerer Hitze anbraten. Die Suppe mit Salz, Pfeffer und Zucker abschmecken und zum Schluss die Hackbällchen hinzufügen. Dann den Bohneneintopf in tiefe Teller geben und mit Parmesan und den Basilikumstreifen bestreuen.

Lachs mit Zucchini

Gut verpackt!

▶ Für 4 Personen
gelingt leicht 20 Min

4 Lachsfilets à 150 g · Salz · Saft von ½ Zitrone · 2 Zucchini · 200 g Champignons · 1 EL Rapsöl · 100 ml Gemüsebrühe · 150 g Crème fraîche · ½ Bund Schnittlauch · 100 g Meerrettich-Frischkäse

- Den Backofen auf 180 Grad (Umluft 160 Grad) vorheizen. Lachsfilets waschen, trocken tupfen, salzen und mit Zitronensaft beträufeln. Filets in Alufolie einwickeln, auf ein Backblech legen und 15 Min. garen. Zucchini waschen, putzen und in dünne Scheiben schneiden. Champignons abreiben, putzen und vierteln.
- Zucchini und Champignons im Öl 5 Min. anbraten. Mit Brühe ablöschen und Crème fraîche einrühren. Mit Salz und Pfeffer abschmecken. Schnittlauch waschen und in Röllchen schneiden. Die Schnittlauchröllchen unter den Frischkäse rühren. Die Fischfilets aus der Alufolie auspacken und zusammen mit dem Gemüse auf Tellern anrichten. Ein Klecks Schnittlauch-Frischkäse auf den Lachs geben.

Mediterranes Fischfilet

Macht Lust aufs Meer!

▶ Für 4 Personen
gelingt leicht · 20 Min.

4 Pangasiusfilets · Salz · Pfeffer · 2 EL Olivenöl · 80 g entsteinte schwarze Oliven · 4 Tomaten · 2 Thymianzweige · 2 TL Balsamicoessig

- Das Fischfilet waschen, trocken tupfen und mit Salz und Pfeffer würzen. Den Backofen auf 120 Grad (Umluft 110 Grad) vorheizen. 1 EL Öl in einer Pfanne erhitzen und die Filets darin von beiden Seiten kurz anbraten. Fischstücke herausnehmen und auf ein mit Backpapier belegtes Backblech legen. Im Ofen ca. 10 Min. garen.
- Oliven in Ringe schneiden. Die Tomaten über Kreuz einritzen, mit kochend heißem Wasser übergießen, häuten und in grobe Würfel schneiden. Tomaten und Oliven in der Pfanne in dem restlichen Öl kurz erhitzen. Mit Salz, Pfeffer und Thymian würzen und mit Balsamicoessig abschmecken. Die Filets mit dem Tomatengemüse auf Tellern anrichten.

Seelachs in Zitronenbutter

Sehr schnell gezaubert.

▶ Für 4 Personen
gelingt leicht · 15 Min.

4 Seelachsfilets · Salz · Pfeffer · 2 EL Mehl · 100 g Butter · 1 unbehandelte Zitrone · ½ Bund Dill · 1 EL Zucker

- Den Backofen auf 100 Grad (Umluft 90 Grad) vorheizen. Seelachsfilets waschen, trocken tupfen, salzen, pfeffern und mit Mehl bestäuben. 50 g Butter in einer Pfanne erhitzen, Seelachs von beiden Seiten je 3 Min. braten. Fisch aus der Pfanne nehmen und zugedeckt im Ofen warm halten.
- Zitrone heiß abwaschen und mit dem Zestenschneider 2 EL Streifen abschneiden. Zitrone anschließend auspressen. Dill waschen und fein hacken. Die restliche Butter in die Pfanne geben, aufschäumen, Zitronensaft und -schale hinzufügen. Mit Salz, Pfeffer und Zucker abschmecken. Dill unterrühren und den Seelachs mit der Zitronenbutter servieren.

▶ Das passt dazu:
Reis oder junge Kartoffeln.

Tomaten-Mozzarella-Fischgratin

Wie in einer Schatztruhe versteckt!

▶ Für 4 Personen
gut vorzubereiten
30 Min. + 30 Min. Backzeit

500 g Rotbarschfilet · 2 EL Zitronensaft · Salz · weißer Pfeffer · 2 Zucchini · 4 Tomaten · 8 Zitronenthymianzweige · 250 g Mozzarella · 50 g Paniermehl · 50 g frisch geriebener Parmesan · 2 EL Olivenöl

- Den Fisch waschen und trocken tupfen. Mit Zitronensaft beträufeln, salzen und pfeffern. Zucchini waschen, putzen und längs in dünne Streifen hobeln. Tomaten waschen und in dünne Scheiben schneiden. Den Backofen auf 200 Grad (Umluft 180 Grad) vorheizen.
- Zitronenthymian waschen und zupfen. Mozzarella in dünne Scheiben schneiden. Eine gefettete Auflaufform mit Paniermehl und Parmesan ausstreuen. Den Fisch hineinlegen und mit dem restlichen Paniermehl und Parmesan bestreuen. Zucchini-, Tomaten- und Mozzarellascheiben einschichten und mit Thymianblättchen bestreuen. Leicht salzen und pfeffern. Olivenöl darüberträufeln und auf der mittleren Schiene 30 Min. backen.

Fischspieße Ahoi

Die schmecken jedem Piraten.

▶ **Für 4 Personen**

braucht etwas mehr Zeit ⏲ 20 Min. + 40 Min. Backzeit

1 kg Kartoffeln · 2 Knoblauchzehen · Saft von 1 Zitrone · 4 EL Olivenöl · Salz · Pfeffer · 2 Rosmarinzweige · 600 g Seelachsfilet · 2 rote Paprikaschoten · 1 – 2 kleine Zucchini · ¼ Salatgurke · 150 g Joghurt · 150 g Magerquark

- Den Backofen auf 200 Grad (Umluft 180 Grad) vorheizen. Die Kartoffeln waschen, halbieren und größere in Spalten schneiden. Knoblauch abziehen und fein hacken. Mit Zitronensaft, 2 EL Öl, Salz und Pfeffer verrühren. Kartoffeln auf ein tiefes Blech legen und mit der Marinade mischen. Im Ofen etwa 40 Min. backen.
- Rosmarinzweige waschen und die Nadeln von den Zweigen zupfen. Den Fisch waschen, trocken tupfen und in breite Streifen oder Würfel schneiden. Paprika waschen, putzen, entkernen und in große Würfel schneiden. Zucchini waschen, putzen und in breite Scheiben schneiden. Alles abwechselnd auf Holzspieße stecken. Das restliche Öl in einer Pfanne erhitzen und die Spieße darin kurz anbraten. Salzen und pfeffern.
- Nach etwa 30 Min. die Rosmarinnadeln über den Kartoffeln verteilen und die Fischspieße darauflegen. Alles im Ofen fertig garen. Gurke waschen, fein raspeln, salzen, etwas stehen lassen und das Gurkenwasser abgießen. Dann Joghurt und Quark unterrühren, salzen und pfeffern. Rosmarinkartoffeln, Fischspieße und Gurkendip zusammen servieren.

Karibische Fischpfanne

Schmeckt nach Urlaub!

▶ **Für 4 Personen**

exotische Zutaten ⏲ 30 Min.

200 g Basmatireis · 400 g Rotbarschfilet · Saft von 1 Limette · Salz · 1 Ei · 80 g Kokosflocken · 1 rote Paprikaschote · 2 Stangen Staudensellerie · 250 g Ananas · 300 g Mango · 6 EL Rapsöl · 50 ml Kokosmilch · weißer Pfeffer

- Reis nach Packungsanweisung garen. Fisch waschen, trocken tupfen und in etwa 2 cm große Würfel schneiden. Mit etwas Limettensaft säuern, dann salzen. Ei verquirlen. Kokosflocken auf einen Teller geben. Die Fischwürfel zuerst in dem Ei und dann in den Kokosflocken wenden.
- Paprikaschote waschen, putzen, weiße Scheidewände entfernen und in kleine Würfel schneiden. Sellerie waschen und putzen, das Selleriegrün fein hacken und beiseite stellen. Selleriestangen in feine Würfel schneiden. Ananas schälen und in mundgerechte Stücke schneiden. Mango schälen, das Fruchtfleisch vom Stein schneiden und ebenfalls in mundgerechte Würfel schneiden.
- Etwas Öl in einer großen beschichteten Pfanne erhitzen und die Fischwürfel in mindestens 2 Portionen von allen Seiten knusprig anbraten. Den Fisch herausnehmen und warm stellen. Etwas Öl nachgießen und in derselben Pfanne das Gemüse andünsten. Den gegarten Reis und die Früchte untermengen und mit Kokosmilch, Limettensaft, Salz und Pfeffer abschmecken. Den Fisch zum Schluss unterheben und alles mit dem gehackten Selleriegrün bestreuen.

▶ **Variante:**

Auch mit Sojasauce lässt sich dieses Gericht gut abschmecken. Und wenn die Kinderportionen abgeschöpft worden sind, lässt sich die Sauce mit etwas Currypaste scharf würzen.

▶ Fischspieße Ahoi

Gemüsepfanne mit Camembert

Lässt sich gut aus Resten zubereiten.

▶ Für 4 Personen
geht schnell ⏲ 20 Min.
1 rote Zwiebel · 2 gelbe Paprikaschoten · 1 kleine Zucchini · 200 g Kirschtomaten · 800 g gekochte, kleine Pellkartoffeln · 2 EL Olivenöl · Salz · Pfeffer · 1 TL getrockneter Thymian · 200 g Camembert

- Zwiebel abziehen und in Streifen schneiden. Paprika waschen, putzen und in Streifen schneiden. Zucchini waschen, putzen und klein schneiden. Tomaten waschen und halbieren. Die Kartoffeln pellen und je nach Größe halbieren. Zwiebeln, Paprika und Zucchini im Öl etwa 5 Min. braten. Dann herausnehmen und in derselben Pfanne die Kartoffeln von allen Seiten goldbraun braten. Salzen, pfeffern und den Thymian dazugeben.
- Das Gemüse und die Tomatenhälften unterrühren und darin erwärmen. Zum Schluss den Camembert in Würfel schneiden und unterheben, sodass er weich wird, aber noch nicht zerläuft.

Bunter Nudelauflauf

Freie Zeit, wenn der Auflauf im Ofen gart.

▶ Für 6 Personen
gut vorzubereiten
⏲ 20 Min. + 40 Min. Backzeit
2 gelbe Paprikaschoten · 1 Zucchini · 4 Tomaten · 1 Bund Basilikum · 2 Knoblauchzehen · 2 EL Butter · 100 g entsteinte, schwarze Oliven · 2 EL Mehl · 500 ml Gemüsebrühe · 200 g Sahne · 800 ml Milch · Salz · Pfeffer · 500 g Spiralnudeln · 150 g geriebener Gouda

- Den Backofen auf 200 Grad (Umluft 180 Grad) vorheizen. Paprika waschen, putzen und in 3 cm lange Streifen schneiden. Zucchini und Tomaten waschen, putzen und in Scheiben schneiden. Danach Basilikum zupfen und in feine Streifen schneiden.
- Knoblauch abziehen, hacken und in der Butter andünsten. Mit Mehl bestäuben und mit Brühe ablöschen. Sahne und Milch hinzufügen. Alles einmal aufkochen. Basilikum einrühren und mit Salz und Pfeffer kräftig abschmecken. Nudeln mit Paprika, Zucchini und Oliven vermengen. Eine Auflaufform mit den Tomatenscheiben auslegen, die Nudelmischung darauf verteilen und die Kräutersauce darübergeben. Käse über den Auflauf streuen und 40 Min. backen.

Buntes Kartoffelgratin

Macht Lust auf mehr!

▶ Für 4 Personen
preisgünstig
⏲ 10 Min. + 30 Min. Backzeit
1 Stange Lauch · 1 rote Paprikaschote · 1 Gemüsezwiebel · 120 g gekochter Schinken in Scheiben · 3 – 4 Thymianzweige · 200 g Doppelrahmfrischkäse · 300 ml Milch · 3 Eier · 2 EL Senf · Salz · Pfeffer · 1 EL Rapsöl · 1 kg gekochte Kartoffeln vom Vortag

- Lauch waschen, putzen und in feine Ringe schneiden. Paprika waschen, putzen und fein würfeln. Zwiebel abziehen und fein würfeln. Den Schinken würfeln. Den Thymian waschen und zupfen. Frischkäse mit Milch und den Eiern verrühren. Senf und Thymian zugeben. Kräftig salzen und pfeffern.
- Den Backofen auf 200 Grad (Umluft 180 Grad) vorheizen. Zwiebeln und Lauch im Öl andünsten. Paprika hinzufügen und andünsten. Salzen, pfeffern und die Schinkenwürfel unterrühren. Kartoffeln in Scheiben schneiden. Die Kartoffeln und das Gemüse abwechselnd in eine flache Auflaufform schichten. Die Eiermilch gleichmäßig über die Kartoffeln verteilen. Etwa 30 Min. goldgelb backen.

Schupfnudelpfanne

Kommt bei Kids gut an!

▶ Für 4 Personen
geht schnell ⌚ 20 Min.
1 Zwiebel · 2 Äpfel · ½ Kopf Wirsing · 2 EL Rapsöl · 300 g Hackfleisch · Salz · Pfeffer · 150 ml Fleischbrühe · 500 g Schupfnudeln (aus dem Kühlregal) · 2 EL Meerrettich · 200 g saure Sahne · Zucker · 1 TL Zitronensaft

- Zwiebel abziehen und fein würfeln. Äpfel waschen, entkernen und in dünne Spalten schneiden. Wirsing putzen, waschen, die Blätter ablösen und in feine Streifen schneiden. Zwiebeln im Öl andünsten, Hackfleisch hinzufügen, salzen und pfeffern und krümelig anbraten. Die Brühe angießen, die Apfelspalten, Wirsingstreifen und Schupfnudeln dazugeben und alles bei geschlossenem Deckel weitere 5 – 10 Min. garen.
- In der Zwischenzeit den Meerrettich mit der Sahne verrühren. Mit Salz, Zucker und Zitronensaft abschmecken. Die Meerrettich-Sahne-Sauce unter die Schupfnudelpfanne ziehen und auf 4 Tellern verteilen.

Gemüsesuppe mit Gnocchi

So freut man sich auf den Sommer.

▶ Für 4 Personen
preisgünstig
⌚ 10 Min. + 20 Min. Garzeit
1 Zwiebel · 1 Knoblauchzehe · 3 Möhren · 2 Stangen Staudensellerie · 1 Stange Lauch · 2 EL Olivenöl · 1 Lorbeerblatt · Salz · Pfeffer · 1 Dose weiße Bohnen (250 g) · 1 Dose stückige Tomaten (400 g) · 600 ml Gemüsebrühe · 200 g Gnocchi (Fertigprodukt aus dem Kühlregal) · 2 EL Pesto

- Zwiebel und Knoblauch abziehen und fein würfeln. Möhren und Sellerie waschen, putzen und klein würfeln. Lauch waschen, putzen und in Ringe schneiden. Vorbereitetes Gemüse im Öl andünsten. Lorbeerblatt hinzugeben, salzen und pfeffern. Bohnen abgießen, abspülen und zusammen mit den Tomaten und der Brühe in den Topf geben. Alles einmal aufkochen und bei mittlerer Hitze etwa 10 Min. köcheln lassen.
- Gnocchi zur Suppe geben und darin bei niedriger Temperatur gar ziehen lassen. Wenn die Gnocchi oben schwimmen, ist die Gemüsesuppe fertig. Die Suppe auf Tellern verteilen und mit dem Pesto verfeinern.

Linsensuppe mit Hähnchen

Die könnte es ruhig öfter geben.

▶ Für 4 Personen
gut vorzubereiten
⌚ 10 Min. + 15 Min. Garzeit
1 Zwiebel · 1 Stück Ingwer (2 cm) · 150 g Champignons · 150 g Zuckerschoten · 400 g Hähnchenbrustfilet · 2 EL Rapsöl · 1 EL Currypulver · 1 Stück Zitronenschale · 500 ml Hühnerbrühe · 400 ml Kokosmilch · 200 g rote Linsen · Salz · 1 TL Zucker

- Zwiebel abziehen, Ingwer schälen und beides fein würfeln. Champignons mit Küchenkrepp abreiben und in Scheiben schneiden. Zuckerschoten waschen, putzen und in 1 cm breite Streifen schneiden. Hähnchenbrust waschen, trocken tupfen und in dünne Scheiben schneiden. Öl in einem großen Topf erhitzen. Currypulver einrühren. Zwiebeln, Ingwer und Zitronenschale dazugeben und anbraten. Mit Brühe und Kokosmilch ablöschen.
- Linsen und das Fleisch dazugeben. Bei mittlerer Hitze etwa 10 Min. köcheln lassen, dann Champignons und Zuckerschoten hinzufügen. Weitere 5 Min. köcheln lassen. Die Zitronenschale entfernen und mit Salz und etwas Zucker abschmecken.

Oregano
Bärlauch
Rosmarin
Oliven
Zwiebeln
Knoblauch

Käseknödel mit Rahmpilzen

Kinder sind begeistert von den Kanonenkugeln.

▶ Für 4 Personen
gelingt leicht 30 Min.

150 g Brötchen vom Vortag · 1 kleine Zwiebel · 1 Bund Schnittlauch · 2 EL Rapsöl · Salz · 150 ml Milch · 150 g gekochte, gepellte Kartoffeln vom Vortag · 100 g Emmentaler · 1 Ei · 1 Eigelb · Pfeffer · Muskatnuss · 60 g Mehl · 450 g gemischte Pilze (Pfifferlinge, Kräuterseitlinge, Champignons etc.) · 100 g Schinkenwürfel · 200 ml Brühe · 200 g Sahne

- Die Brötchen in Scheiben schneiden und würfeln. Zwiebel abziehen und würfeln. Schnittlauch waschen und in Röllchen schneiden. 1 Esslöffel Öl erhitzen und die Zwiebeln darin glasig dünsten. Zum Schluss den Schnittlauch hinzufügen. Milch hinzufügen und die Pfanne vom Herd nehmen.
- Kartoffeln und Käse grob reiben. Beides mit der Milchmischung, Brötchen, Ei und Eigelb verkneten und kräftig mit Salz, Pfeffer und Muskat würzen. Zuletzt das Mehl unter die Masse kneten.
- Inzwischen die Pilze mit Küchenkrepp abreiben, putzen und mundgerecht zerteilen. Schinkenwürfel in dem restlichen Öl knusprig anbraten, dann herausnehmen. Die Pilze in der gleichen Pfanne anbraten, salzen und pfeffern. Brühe und Sahne angießen und einköcheln lassen.
- Aus dem Teig kleine Knödel formen. Reichlich Salzwasser zum Kochen bringen und die Käseknödel darin etwa 10 Min. garen, bis sie an die Wasseroberfläche steigen. Die Knödel herausnehmen. Zusammen mit den Pilzen auf Tellern anrichten und mit den Schinkenwürfeln bestreuen.

◀ Käseknödel mit Rahmpilzen

Möhren-Risotto

Besonders geeignet für Kau-Faule

▶ Für 4 Personen
gelingt leicht 30 Min.

½ Bund Basilikum · 6 EL Olivenöl · Salz · 500 g Möhren · 900 ml Gemüsebrühe · 1 Zwiebel · 1 Knoblauchzehe · 300 g Risottoreis · Pfeffer · 100 ml Weißwein oder Apfelsaft · 100 g Parmesan

- Basilikum zupfen, waschen, grob hacken und zusammen mit 5 EL Olivenöl und etwas Salz zu einer Paste pürieren. Die Möhren waschen, putzen, schälen und die Hälfte in grobe Würfel und die andere in feine Würfel schneiden. Die groben Würfel in 300 ml Brühe zugedeckt 10 Min. weich kochen, anschließend pürieren.
- In der Zwischenzeit Zwiebel und Knoblauch abziehen und fein hacken. In einem Topf 1 EL Öl erhitzen und die Zwiebeln darin glasig dünsten. Knoblauch und Möhrenwürfelchen hinzufügen. Dann den Reis hinzugeben und ebenfalls andünsten. Mit Weißwein bzw. Apfelsaft ablöschen und die Brühe angießen. Das Ganze etwa 20 Min. garen.
- Den Parmesan fein reiben. Das Möhrenpüree in das Risotto einrühren und noch weitere 5 Min. köcheln lassen. Zum Schluss die Basilikumpaste und den Parmesan unter das Risotto geben. Das Ganze dann nicht mehr zum Kochen bringen.

Halloween: Kürbis satt

Ob orangeleuchtender Hokkaido, meist von handlicher Größe, ockerfarbener Butternut mit buttrig-weichem Fleisch und der Form einer Riesenbirne oder Muskatkürbis – sie alle feiern ihr Comeback in der Herbstküche.

Kürbis-Burger

Herbstüberraschung im Fast-Food-Style

▶ **Für 4 Personen**
braucht etwas mehr Zeit **35 Min. + 10 Min. Garzeit**
150 g saure Sahne · 3 EL Salatmayonnaise · 2 EL gemischte tiefgekühlte Kräuter · Salz · Pfeffer · 600 g Muskatkürbis (alternativ Hokkaido oder Butternut) · 1 Zucchini · 2 rote Zwiebeln · 2 Eier · 6 EL Paniermehl · 1 TL Senf · 2 EL Rapsöl · 1 Tomate · 4 Salatblätter · 4 Körnerbrötchen

- Saure Sahne mit der Mayonnaise und den Kräutern verrühren. Mit Salz und Pfeffer abschmecken. Kürbis schälen und die Kürbiskerne sowie das weiche Innere entfernen. Die Zucchini waschen. Beides grob raspeln und salzen. Dann 20 Min. ziehen lassen und anschließend in einem Küchentuch gut ausdrücken.
- Rote Zwiebeln abziehen, eine fein hacken und die andere in Ringe schneiden. Kürbis- und Zucchiniraspel, gehackte Zwiebeln, Eier, Paniermehl und Senf in eine Schüssel geben und gut vermengen. Kräftig mit Salz und Pfeffer abschmecken.
- Das Öl in einer beschichteten Pfanne erhitzen und aus der Masse 4 große Burger formen. Diese von beiden Seiten im heißen Öl knusprig braten. Danach die Zwiebelringe im heißen Öl braten. Die Tomate waschen und in Scheiben schneiden. Die Salatblätter gründlich waschen und trocken schütteln.
- Körnerbrötchen aufschneiden. Mit Salat, Kürbis-Burger, Tomatenscheiben und Zwiebelringen belegen. Mit Dip beträufeln und die obere Brötchenhälfte auf den Burger setzen. Sofort servieren.

Kürbis-Lasagne

Lässt sich super vorbereiten!

▶ **Für 4–6 Personen**
braucht etwas mehr Zeit **1 Stunde 20 Min.**
1 kg Hokkaidokürbis · 1 Zwiebel · 2 Knoblauchzehen · 1 rote Chilischote · 500 ml Gemüsebrühe · 2 EL Rapsöl · Salz · Pfeffer · 1 Packung Lasagneplatten · 8 EL geriebener Parmesan · 125 g Mozzarella · 300 g saure Sahne · 2 TL Stärke · 2 EL Sesamsamen

- Den Kürbis waschen, Kerne und das weiche Innere herauskratzen und den Kürbis anschließend in Würfel schneiden. Zwiebel und Knoblauch abziehen und fein hacken. Chilischote waschen, putzen, entkernen und ebenfalls fein hacken. Den Backofen auf 200 Grad (Umluft 180 Grad) vorheizen. Den Kürbis in der Gemüsebrühe in 15 Min. weich kochen. Das Öl in einer beschichteten Pfanne erhitzen und Zwiebel und Knoblauch darin dünsten.
- Den gekochten Kürbis gut abtropfen lassen und anschließend pürieren. Zwiebel, Knoblauch, Chili und Parmesan untermengen. Kräftig mit Salz und Pfeffer abschmecken. Eine große Auflaufform einfetten und mit Lasagneplatten auslegen. Darauf eine Schicht Kürbispüree geben. Darauf wieder die Lasagneplatten und dann das Kürbispüree geben. Den Vorgang wiederholen, bis alle Zutaten verbraucht sind.
- Den Mozzarella würfeln. Die saure Sahne mit der Stärke verrühren. Als Abschluss die saure Sahne über der Lasagne gleichmäßig verteilen und die Mozzarellawürfel darüber verteilen. Die Lasagne etwa 40 Min. backen. In der Zwischenzeit den Sesam in einer beschichteten Pfanne ohne Zugabe von Fett rösten. Die Lasagne aus den Ofen nehmen, mit dem gerösteten Sesam bestreuen und sofort servieren.

Kürbis-Muffins

Schmeckt und duftet nach Weihnachten.

▶ **Für 12 Stück**
gut vorzubereiten
⏲ 10 Min. + 40 Min. Backzeit

400 g Butternutkürbis · 150 g Butter · 150 g brauner Zucker · 1 Päckchen Vanillezucker · 2 Eier · 200 g Dinkelvollkornmehl · 2 TL Backpulver · ½ TL Salz · 1 TL Zimt · ½ TL Muskatnuss · ¼ TL Ingwerpulver · ¼ TL Nelkenpulver

- Den Backofen auf 200 Grad (Umluft 180 Grad) vorheizen. Den Kürbis schälen, entkernen und in Spalten schneiden. 300 g Kürbisfleisch abwiegen. Das Kürbisfleisch auf ein mit Öl bepinseltes Blech legen und 20 Min. backen. Dann herausnehmen und pürieren. Die Butter mit Zucker und Vanillezucker cremig schlagen. Dann die Eier hinzufügen und alles schaumig schlagen.
  Mehl mit Backpulver, Salz und den Gewürzen mischen. Zuerst das abgekühlte Kürbispüree unter die Eiermasse geben und danach das Mehl unterrühren.
- Die Mulden des Muffinblechs mit Papierförmchen auslegen und den Teig darin verteilen. Den Backofen auf 180 Grad herunterschalten und die Muffins auf der mittleren Schiene im Ofen etwa 20 Min. backen.

Abendbrot – alles andere als langweilig

Immer Mischbrot mit Salami oder Käse – wie langweilig. Aber abends ein zweites Mal kochen? Zu viel Aufwand. Wer ab und zu dem Alltagseinerlei entkommen möchte, tischt auch mal Pizza oder Quiche auf. Und auch ein Salat bringt Abwechslung zum klassischen Abendessen mit Brot, Käse und Aufschnitt.

Wenig Aufwand – viel Abwechslung

Wer das Abendbrot ohne großen Aufwand interessanter gestalten will, kann mit kleinen Veränderungen Großes bewirken. So könnten Sie beispielsweise einführen, dass an jedem Abend zu Brot und Aufschnitt eine Kleinigkeit angeboten wird. So gibt es montags Maiskolben aus dem Glas, am Dienstag für jeden ein gekochtes Ei, am Mittwoch geräucherten Lachs, am Donnerstag Kirschtomaten mit Basilikumblättchen auf Zahnstochern aufgespießt und am Freitag aufgeschnittene Möhren, samstags einen selbst gemachten Obstquark und sonntags aufgeschnittenes Obst. Darüber hinaus eignet sich Grünzeug in jeglicher Form fürs Abendbrot: Ein Blick ins Gemüsefach oder in die Obstschale ist immer gut, hier bleibt so manches liegen. Auch eine Pizza oder Quiche ist schnell gemacht, wenn der Teig schon rechtzeitig angesetzt ist. Ob Hefeteig, Quicheteig oder auch Quark-Öl-Teig, sie lassen sich problemlos einfrieren. Und wenn gar keine Zeit ist, dann greifen Sie zum Fertigteig aus dem Supermarkt. Manchmal fehlt einfach die Zeit, das ist kein Grund zum Verzweifeln. Und machen Sie nicht alles alleine, Kinder können auch bei der Zubereitung helfen.

Getränke beim Abendbrot?

Für Kinder ist auch zum Abendbrot ein Glas Milch möglich. Für diejenigen, die keine Milch wollen, sind Früchte- und Kräutertees ideal. Das Angebot an Tee ist groß – Sie können sich dabei für einen Familienlieblingstee entscheiden oder auch mehrere Tees im Wochenangebot haben. Entscheidend ist, daraus ein Ritual zu machen, falls Ihnen das Teetrinken anstelle von Limo oder Saft wichtig ist. Und wenn Früchte- oder Kräutertee fester Bestand Ihres Abendbrotes ist, wird Ihr Kind dies vermutlich langfristig übernehmen und die Diskussionen über das richtige Getränk können Sie sich sparen.

Salate zum Brot

Es kann eine schöne Angewohnheit sein, jeden Abend oder an einigen Abenden in der Woche einen Salat zum Brot anzubieten. Auch hier lässt sich der Aufwand im Rahmen halten: Wer wenig Zeit und Lust hat, kauft fertig geputzte und geschnittene Salate und erweitert sie um Tomaten-, Gurkenscheiben oder Paprikastückchen. Und es spricht auch nichts gegen Mais aus der Dose, Käsewürfel, Schinkenstreifen oder Pilze. Irgendetwas ist in einem gut organisierten Haushalt immer zu finden. Und das einfachste Dressing besteht aus Olivenöl, Balsamicoessig, Salz und Pfeffer aus der Mühle.

Am Wochenende

Da am Wochenende oft später oder ausgiebiger gefrühstückt wird, fällt bei vielen Familien das Mittagessen aus. Damit einfach auch mal alles anders ist, sollte vielleicht die ganze Familie gemeinsam kochen. Mit dem Besuch der Grundschule darf auch mit den schärferen Messern hantiert werden. So können die Kleinen Gemüse schneiden oder Kartoffeln schälen und Salat waschen. Natürlich nimmt das gemeinsame Kochen viel mehr Zeit in Anspruch, aber der Aufwand lohnt sich. Je erfahrener und selbständiger Ihr Kind wird, umso wahrscheinlicher ist es, dass es Sie selbst auch bald mit einem selbst gekochten Essen überrascht. Nutzen Sie das Potenzial Ihrer Kids. Machen Sie die Essenszubereitung spannend und Sie haben bald einen Beikoch und mit der Zeit womöglich einen Kollegen in der Küche.

▶ Quiche Lorraine (Seite 65)

Quiche

Hausaufgaben

Pizza

Da lässt jeder das Brot links liegen.

▶ Für 16 Stücke
gut vorzubereiten ⏲ 2 Stunden + 25 Min. Backzeit
450 g Mehl · 1 Päckchen Trockenhefe · 1 Prise Zucker · ½ TL Salz · 5 EL Olivenöl · ¼ l lauwarmes Wasser · 1 Zwiebel · 1 Knoblauchzehe · 1 EL Butter · 1 Dose geschälte Tomaten (400 g) · Salz · schwarzer Pfeffer · getrockneter Oregano · 1 Lorbeerblatt · 100 g Champignons · 250 g Mozzarella · 100 g Salami

- Das Mehl in eine Schüssel geben und eine Mulde hineindrücken. Die Hefe hineinbröseln. Zucker darüberstreuen. Das Salz und Öl an den Rand der Schüssel geben. Das lauwarme Wasser in und um die Mulde gießen. Dann mit den Knethaken des Handrührgerätes alles zu einem glatten Teig verarbeiten. Den Teig mit einem Tuch abgedeckt an einem warmen Ort gehen lassen, bis er sein Volumen fast verdoppelt hat.
- Inzwischen Zwiebel und Knoblauch abziehen und fein hacken. Die Butter in einer beschichteten Pfanne zerlassen, Zwiebeln und Knoblauch darin andünsten. Tomaten samt ihrem Saft zugeben. Das Ganze mit Salz und Pfeffer, Oregano und einem Lorbeerblatt würzen und einkochen lassen. Das Lorbeerblatt anschließend entfernen.
- Die Pilze mit Küchenkrepp abreiben, putzen und feinblättrig schneiden. Mozzarella in dünne Scheiben schneiden. Den Backofen auf 200 Grad (Umluft 180 Grad) vorheizen. Ein Backblech einfetten und mit etwas Mehl bestäuben. Den Teig ausrollen, aufs Blech legen und mit einem Küchentuch abgedeckt weitere 10 Min. gehen lassen.
- Die Tomatensauce auf dem Pizzateig verteilen. Die Pilze und die Salami darauflegen. Mit Mozzarella belegen. Oregano darüberstreuen. Die Pizza auf mittlerer Schiene etwa 25 Min. backen.

◀ Pizza

Quiche Lorraine

Schmeckt immer (Foto S. 63)!

▶ Für 12 Stücke
gut vorzubereiten ⏲ 45 Min. + 35 Min. Backzeit
250 g Mehl · ½ TL Salz · 1 Ei · 125 g Butter · 200 g Frühstücksspeck in dünnen Scheiben · 150 g Greyerzer · 4 frische Eier · 250 g Sahne · weißer Pfeffer · ¼ TL Salz

- Mehl, Salz und Ei in eine Schüssel geben. Die Butter in Flöckchen geschnitten dazugeben. Das Ganze mit den Knethaken eines Handrührgerätes oder einer Küchenmaschine zu einem geschmeidigen Teig verarbeiten. Den Teig zu einer Kugel formen, in Klarsichtfolie einschlagen und etwa 30 Min. im Kühlschrank ruhen lassen.
- Die Speckscheiben in einer beschichteten Pfanne ohne Zugabe von Fett bei mittlerer Hitze anbraten, bis sie leicht gebräunt sind, dabei einmal wenden. Die Speckscheiben auf Küchenkrepp abtropfen lassen und auf einem Teller beiseite stellen.
- Den Greyerzer entrinden und dann reiben. Die Eier trennen. Die Eigelbe mit der Sahne, dem Pfeffer und Salz verquirlen. Den geriebenen Käse unterziehen. Eiweiß mit einer Prise Salz steif schlagen und unter die Eigelb-Käse-Masse heben. Den Backofen auf 200 Grad (Umluft 180 Grad) vorheizen. Den Boden einer Quicheform (Ø 26 cm) mit Backpapier auslegen, den Rand der Springform mit etwas Butter einfetten.
- Den Teig dünn ausrollen und so in die Quicheform legen, dass Boden und Rand bedeckt sind. Die Speckscheiben auf den Boden der Quiche verteilen. Die Eiersahne über den Speck gießen und mit einem Teigschaber gleichmäßig verteilen. Die Quiche etwa 35 Min. backen. Dann aus dem Ofen nehmen, etwas ruhen lassen, aus der Form lösen und in Stücke schneiden.

Gnocchi-Salat

Multikultifood im Turbogang

▶ Für 4 Personen
geht schnell ⏲ 15 Min.
400 g Gnocchi (aus dem Kühlregal) · 1 Gemüsezwiebel · 2 Knoblauchzehen · 2 Zucchini · 1 rote und 1 gelbe Paprikaschote · 6 EL Olivenöl · Salz · Pfeffer · 200 g Feta · 1/4 Bund glatte Petersilie · 4 EL Weißweinessig

- Die Gnocchi nach Packungsanweisung in reichlich kochendem Salzwasser garen und anschließend in einem Sieb abtropfen lassen. Die Gemüsezwiebel abziehen und in Streifen schneiden. Den Knoblauch abziehen und fein hacken. Die Zucchini waschen, putzen und in Scheiben schneiden. Die Paprikaschoten waschen, putzen und in mundgerechte Stücke schneiden.
- Etwas Olivenöl in einer beschichteten Pfanne erhitzen. Zwiebel, Zucchini, Paprika und Knoblauch darin 3 – 5 Min. anbraten. Mit Salz und Pfeffer würzen. Danach in eine Schüssel geben. Erneut etwas Olivenöl in die Pfanne gießen und die Gnocchi darin bei mittlerer Hitze goldbraun braten.
- Inzwischen den Feta in Würfel schneiden und unter das Gemüse mengen. Die Petersilie waschen, trocken schütteln und fein hacken. Zusammen mit den Gnocchi unter das Gemüse mischen. Zum Schluss den Essig und das restliche Olivenöl unter die Salatzutaten mengen. Noch mal kräftig mit Salz und Pfeffer abschmecken.

▶ Variante:
Anstelle von Zucchini können Sie auch Auberginen verwenden. Und wer mag, gibt noch eine Handvoll schwarze Oliven unter den Salat.

American Pizza

Ab in den wilden Westen!

▶ Für 6 Stücke
gelingt leicht ⏲ 40 Min. + 30 Min. Backzeit
200 g Magerquark · 7 EL Rapsöl · 7 EL Milch · 1/2 TL Salz · 200 g Mehl · 100 g Roggenmehl Type 1150 · 1/2 Backpulver · 1 weiße Zwiebel · 1 Knoblauchzehe · 400 g Rinderfilet · 1 EL Sojaöl · 1 Dose gebackene Bohnen in Tomatensauce (400 g) · 2 EL Tomatenmark · Salz · Pfeffer · Paprikapulver, edelsüß · 1 EL Saucenbinder · grüner Tabasco · 1 rote Zwiebel · 3 EL Cashew-Kerne · 150 g mittelalter Gouda

- Quark mit Öl, Milch und Salz verrühren. Die beiden Mehlsorten mit dem Backpulver vermischen. Zur Quarkmasse geben und mit den Knethaken des Handrührgerätes zu einem geschmeidigen Teig verarbeiten. Weiße Zwiebel und Knoblauch abziehen und fein hacken. Das Rindfleisch in sehr feine Scheiben schneiden.
- Zwiebeln im Öl anbraten. Das Fleisch sehr kurz darin anbraten und mit den Bohnen ablöschen. Knoblauch zusammen mit dem Tomatenmark dazugeben. Mit Salz, Pfeffer, Paprika und Tabasco würzen. Den Saucenbinder in die kochende Sauce rühren und alles etwas abkühlen lassen. Die rote Zwiebel schälen und in feine Ringe schneiden. Die Cashew-Kerne klein hacken. Den Gouda entrinden und reiben.
- Den Backofen auf 200 Grad (Umluft 180 Grad) vorheizen. Ein Pizzablech einfetten und mit etwas Mehl bestäuben. Den Teig dick ausrollen und so in die Pizzaform legen, dass Boden und Rand bedeckt sind. Die Bohnen-Fleisch-Masse darauf verteilen. Mit den Zwiebelringen und den Cashew-Kernen belegen und mit dem Käse bestreuen. Die Pizza auf mittlerer Schiene etwa 30 Min. backen.

▶ Gnocchi-Salat

Bunter Blattsalat mit Polenta-Rauten

Findet immer großen Anklang!

▶ Für 4 Personen

gut vorzubereiten ⏲ 20 Min. + 2 Stunden Einweichzeit

25 g getrocknete Steinpilze · Salz · 125 g Polenta · Butter zum Einfetten · 8 EL Rapsöl · 1/4 Kopf Friséesalat · 1/4 Kopf Eichblattsalat · 1/4 Kopf Lollo Rosso · 300 g Möhren · 1 Kohlrabi · 1 Bund Radieschen · 4 EL Schnittlauchröllchen · Saft von 1 Zitrone · Pfeffer · 1 Prise Zucker

- Die Steinpilze mit heißem Wasser übergießen und mindestens 2 Stunden einweichen. Dann aus dem Wasser nehmen und fein hacken. Das Pilzeinweichwasser auf 500 ml auffüllen, salzen und zum Kochen bringen. Polenta hineinrieseln lassen. Pilze hinzufügen. Unter Rühren aufkochen lassen und auf kleiner Flamme quellen lassen. Polenta in eine leicht eingefettete rechteckige Form etwa 1 cm hoch einfüllen und auskühlen lassen.
- Für den Salat die Blattsalate putzen, waschen, in mundgerechte Stücke zupfen und trocken schleudern. Möhren, Kohlrabi und Radieschen putzen und waschen. Bis auf die Radieschen das Gemüse schälen und alle Gemüsesorten grob raspeln. Für das Salatdressing 4 EL Öl, Zitronensaft, Salz und Pfeffer zu einer Marinade verrühren und das geraspelte Gemüse damit vermengen.
- Den Maisbrei auf ein Brett stürzen und in 3 × 2 cm große Rauten schneiden. In einer beschichteten Pfanne 4 EL Öl erhitzen und die Rauten darin goldgelb anbraten. Die Salatblätter mit den Gemüseraspeln und Polenta-Rauten auf einem großen Teller anrichten und mit Schnittlauchröllchen garnieren.

◀ Bunter Blattsalat mit Polenta-Rauten

Exotischer Sauerkrautsalat

Mal etwas ganz anderes!

▶ Für 4 Personen

gut vorzubereiten ⏲ 15 Min. + 30 Min. Ziehzeit

500 g Sauerkraut · 1 Ananas · 1 Bund Lauchzwiebeln · 1/2 Bund frisches Koriandergrün · 1 unbehandelte Orange · 1 TL Honig · 150 g Schmand · 1 – 2 TL Currypulver · Salz · Pfeffer · 2 reife Avocados

- Sauerkraut mit einer Gabel auflockern und grob hacken. Von der Ananas Stiel- und Blätteransatz wegschneiden. Ananas aufrecht auf ein Brett stellen und mit einem scharfen Messer die Schale von oben nach unten abschneiden. Frucht längs vierteln und den harten Mittelstrunk entfernen. Viertel längs halbieren und in dünne Scheiben schneiden.
- Lauchzwiebeln putzen, waschen und in feine Ringe schneiden. Koriander waschen, trocken schütteln, die Blättchen von den Stielen zupfen und fein hacken. Für das Dressing die Orange heiß abwaschen, etwa 1 TL Schale abreiben, dann die Orange halbieren und den Saft auspressen.
- Honig in 6 EL Orangensaft auflösen. Mit Schmand, Currypulver, Orangenschale, Salz und Pfeffer zu einem Dressing verrühren. Sauerkraut, Ananas, Lauchzwiebeln und die Hälfte des Korianders mit dem Dressing mischen. 30 Min. durchziehen lassen.
- Kurz vor dem Servieren die Avocados halbieren, den Stein entfernen. Avocados schälen, das Fruchtfleisch in schmale Spalten schneiden und sofort mit dem übrigen Orangensaft beträufeln. Den Sauerkrautsalat auf Teller verteilen, Avocadoscheiben dekorativ dazulegen und mit Pfeffer würzen. Mit dem restlichen Koriander bestreut servieren.

Italienischer Nudelsalat

Schmeckt auch noch am nächsten Tag.

▶ Für 4 Personen
gelingt leicht 20 Min.
50 g rote Linsen · 200 ml Gemüsebrühe · 1 rote Paprikaschote · 250 g Kirschtomaten · 1 Handvoll Basilikumblätter · 1 Dose Thunfisch im eigenen Saft · 400 g gekochte Penne (Reste) · 2 EL Olivenöl · 2 EL Basilikum-Pesto · 2 EL Balsamicoessig · Salz · Pfeffer

- Die Linsen in der Gemüsebrühe einmal aufkochen und dann etwa 10 Min. ausquellen lassen. Paprikaschote waschen, putzen und sehr fein würfeln. Die Tomaten waschen und halbieren. Basilikumblätter waschen, trocken tupfen und in feine Streifen schneiden.
- Thunfisch abgießen, mit einer Gabel auflockern und in eine Schüssel geben. Penne hinzufügen. Öl in einer Pfanne erhitzen und die Paprikawürfel und Tomatenhälften darin anbraten. Linsen in ein Sieb abgießen. Gemüse mit den Linsen unter die Nudeln mengen. Zum Schluss den Salat mit Balsamicoessig, Salz und Pfeffer abschmecken. Pesto und Basilikumstreifen über dem Salat verteilen.

Wintersalat

Nussig-fruchtig sorgt er für gute Stimmung.

▶ Für 4 Personen
geht schnell 10 Min.
150 g Feldsalat · 2 säuerliche Äpfel · Saft von 1 Zitrone · 2 Möhren · 150 g Putenbrustaufschnitt · 150 g Joghurt · 1 TL Ahornsirup · 40 g Walnusskerne

- Den Feldsalat waschen, putzen und trocken schleudern. Die Äpfel vierteln, vom Kerngehäuse befreien und fein würfeln. Mit etwas Zitronensaft beträufeln. Die Möhren waschen, putzen und grob raspeln. Den Putenbrustaufschnitt in Streifen schneiden.
- Den Joghurt mit dem Ahornsirup und dem restlichen Zitronensaft zu einen Dressing verrühren. Die Walnusskerne grob hacken. Alle Zutaten in eine Salatschüssel geben und vermengen.

▶ Das passt dazu:
Zu dem Wintersalat passt prima ein dunkles Roggenvollkornbrot.

Fruchtiger Salat

Eisbergsalat mal süß

▶ Für 4 Personen
geht schnell 10 Min.
4 EL gehackte Mandeln · 4 Kiwis · 2 Orangen · ½ Kopf Eisbergsalat · Saft von ½ Zitrone · 200 g Joghurt · 2 EL Honig · Salz

- Die Mandeln in einer beschichteten Pfanne ohne Zugabe von Fett goldbraun rösten und auf einem Teller abkühlen lassen. Die Kiwis schälen und würfeln. Die Orangen filetieren und den Saft dabei auffangen. Den Eisbergsalat putzen, in Streifen schneiden, waschen und trocken schleudern.
- Eisbergsalat zusammen mit dem Obst in eine Schüssel geben. Für das Dressing Zitronen- und Orangensaft mit Joghurt und Honig verrühren. Mit einer Prise Salz abschmecken. Das Dressing unter den Salat mengen. Mit den gehackten und gerösteten Mandeln bestreuen.

▶ Italienischer Nudelsalat

Tunfisch
Thunfisch

Grillen mit Kids

Das Grillen ist nicht nur etwas für Papas, sondern begeistert die ganze Familie. Natürlich sind Bratwürstchen für die meistens Kids der absolute Hit. Aber auch Stockbrot und Indianerkartoffeln können durchaus für neue Anreize sorgen.

Stockbrot

Stock umwickeln und ab damit ins Feuer.

▶ Für 8 Brote
gut vorzubereiten ⏲ 2 Stunden
500 g Mehl · 1 Päckchen Trockenhefe · 1 Prise Zucker · ½ TL Salz · 50 g Butter · ¼ l lauwarmes Wasser

- Das Mehl in eine Schüssel sieben und eine Mulde hineindrücken. Die Hefe hineinbröseln. Zucker darüberstreuen, Salz und die Butter an den Rand der Schüssel geben. Das Wasser in und um die Mulde gießen. Dann mit den Knethaken des Handrührgerätes alles zu einem glatten Teig verarbeiten. Den Teig mit einem Tuch abgedeckt an einem warmen Ort gehen lassen, bis er sein Volumen fast verdoppelt hat.
- Den Teig in 8 Kugeln aufteilen. Die Kugeln zwischen den Händen zu einer langen Schlange rollen und diese um einen Stock wickeln und zwar so, dass ein geschlossener Teiglaib an der Stockspitze entsteht. Dann den Stock über Grill oder Lagerfeuer halten und backen.

Indianerkartoffeln

So machen es die Indianer.

▶ Für 4 Personen
preisgünstig ⏲ 25 Min.
4 große oder 8 kleine Kartoffeln

- Die Kartoffeln gründlich waschen und ohne Folie in die Glut des Grillfeuers oder Lagerfeuers legen. Je nach Größe der Kartoffeln sind sie in 20 Min. gar. Aus der Glut mit einer Grillgabel oder -kelle herausnehmen. Etwas abkühlen lassen, aufbrechen und die Kartoffeln von Innen aushöhlen und essen.

▶ Variante:
Folienkartoffeln mögen viele lieber, auch wenn es dafür keinen triftigen Grund gibt. Hier werden die Kartoffeln in Alufolie gepackt und in die Glut gelegt. Sie brauchen vielleicht ein bisschen länger, die Kartoffeln sind dafür aber frei von Asche.

Cowboy-Spieße

So werden aus Würstchenessern Gemüsefreunde.

▶ Für 2 Kinder
gut vorzubereiten ⏲ 10 Min.
2 Champignons · ¼ rote Paprikaschote · 8 Nürnberger Würstchen · 2 Kirschtomaten

- Champignons putzen und mit Küchenkrepp abreiben. Paprika in vier Stücke schneiden. Die Würstchen abwechselnd mit dem Gemüse auf einen Schaschlikspieß stecken und auf den Grill legen. Von beiden Seiten grillen.

Gegrillter Feta

Fleischlos geht es auch!

▶ Für 4 Personen
geht schnell 15 Min.
1 rote Zwiebel · 1 rote Paprikaschote · Thymianzweige · 4 Stück Feta à 150 g · 4 TL Olivenöl

- Die Zwiebel abziehen und in Ringe schneiden. Die Paprika waschen, putzen und in Würfel schneiden. Den Thymian waschen und in einzelne Zweige aufteilen. Den Feta jeweils auf ein Stück Alufolie legen und mit etwas Olivenöl beträufeln.
- Thymian, Zwiebeln und Paprika darauf verteilen und zu einem Päckchen verpacken. Die Alupäckchen auf den Grill legen und von beiden Seiten etwa 3 Min. backen.

Tipp
Anstelle von Feta können Sie auch Halloumi verwenden.

Fingerfood – heute hat die Gabel frei

Kein Bock auf Messer, Gabel und Löffel. Wenn sich Kinder nach einem langen Schultag und einem anstrengenden Freizeitprogramm fix und fertig an den Esstisch setzen, fehlt ihnen die Kraft für das Essen mit Besteck. Dann sind auch mal nur die Finger dran.

Ausnahmen bestätigen die Regel

Sie kennen das vielleicht: Einmal die Woche geht Ihr Kind noch in eine Nachmittags-AG und danach ist es zu gar nichts zu gebrauchen. Sie meinen aber, Ihr Kind muss essen, da zur gewohnten Zeit das Mittagessen ausfiel. Aber es ist einfach zu kaputt. Wenn Kinder mit den Händen essen dürfen, macht das vielleicht auch wieder Lust aufs Essen. Auch ein Strohhalm im Getränk hat eine unheimlich anziehende Wirkung. Wenn an diesen Tagen das Essen in kleinen anschaulichen Portionen serviert wird, dann kommt der Appetit beim Essen meist von alleine wieder. Leider machen die Rezepte Ihnen ein bisschen Arbeit, die sich aber lohnt. Wenn es zeitlich mal nicht klappt, dann können es auch ganz schnelle Gerichte sein, z. B. Fleischkäse mit Brötchen, eine Portion Backofenpommes oder Chicken Nuggets aus der Pfanne, die man mit den Fingern essen darf. All das sind keine kompletten und abwechslungsreichen Mahlzeiten, doch wenn es sonst in der Woche abwechslungsreich zugeht, auch kein großer Fehltritt.

Snacken kann hilfreich sein

Nicht immer essen Kids mit einem Bärenappetit. In Phasen, in denen Kinder wachsen, sind sie oft unzufrieden und haben keinen rechten Hunger. Häufig wird dann nach Süßigkeiten verlangt, doch sollten sich Süßigkeitenrationen gerade in diesen »Schlechtesser-Zeiten« im Rahmen halten. Jetzt helfen Snacks ungemein. Das Kind muss nicht richtig essen, aber es bekommt eine kleine Portion mit viel Energie, die wieder Kraft für den Rest des Tages schenkt.

Spieße und Stäbchen

Wenn Kinder auf Messer und Gabel verzichten und direkt vom Spieß essen dürfen, sind sie meist voll dabei. Einfach mal anders essen zu dürfen, regt die Fantasie der Kinder an. So ist es auch witzig, Reis mit Stäbchen statt mit der Gabel zu essen. Es muss dabei auch gar nicht unbedingt klappen. Das Essen mit den Fingern, das Nagen von Spießen oder auch die Verwendung von Stäbchen schafft einfach Abwechslung.

Sandwichtoaster – beliebt bei Kids

Drücken Sie ruhig auch mal beide Augen zu, wenn es ums Sandwichtoasten geht. Für Kinder, die gerade in einer Phase stecken, während der sie wenig essen, ist der Sandwichtoaster 1-mal pro Woche gar kein Problem, sondern führt, im Gegenteil, zu gut gefüllten Kinderbäuchen. Die Kinder finden es spannend, das Sandwich mit verschiedenen Zutaten zu belegen und anschließend zu toasten. Mit dem Sandwichtoaster zu hantieren und mit den Beilagen zu experimentieren macht den meisten Kindern Spaß. Und wer für Abwechslung sorgt, findet meist bessere Nachahmer als Mütter, die sich mit Ernährungsdogmen so manchen Machtkampf mit ihrem Nachwuchs liefern.

Bedenken Sie: Alles, was Sie jetzt mit Spaß und einer gewissen Lässigkeit vermitteln, bleibt bei Ihren Kindern hängen und wird fürs ganze Leben verinnerlicht.

▶ Spaghetti-Lachs-Muffins (Seite 77)

Tortellini-Tomaten-Spieße

Aufgespießt für heiße Sommertage

▶ Für 2 Personen
gelingt leicht
20 Min.

250 g Tortellini (Fertiggericht aus dem Kühlregal) · Salz · 20 kleine Kirschtomaten · 4 Basilikumstängel · 200 g Joghurt · 2 EL Rapsöl · 2 EL Schnittlauchröllchen · Pfeffer

- Die Tortellini nach Packungsanweisung in kochendem Salzwasser bissfest garen. In ein Sieb geben, kalt abspülen und abtropfen lassen. Die Tomaten waschen. Das Basilikum waschen und die Blätter von den Stielen zupfen.
- Den Joghurt mit dem Rapsöl verrühren. Mit Schnittlauchröllchen, Salz und Pfeffer würzen. Auf jeden Schaschlikspieß abwechselnd eine Tomate, ein Basilikumblatt und eine Tortellini stecken. Die Joghurtsauce zusammen mit 2 Schaschlikspießen auf einen Teller anrichten.

▶ Variante:
Lässt sich mit vielen Nudelresten aus anderen Gerichten vorbereiten. Beispielsweise mit Gnocchi oder auch Cappeletti sowie kleinen Maultaschen.

Mediterrane Fischspieße

Keine Panik – Garnelen mögen auch schon die ganz Kleinen!

▶ Für 4 Personen
gelingt leicht
10 Min. + 8 Min. Garzeit

400 g Kabeljaurückenfilet · 8 ausgelöste Garnelen · 1 Zucchini · 12 Kirschtomaten · 1 Knoblauchzehe · 4 EL Olivenöl · Salz · Pfeffer · 1 TL italienische Kräuter

- Kabeljaurückenfilet waschen, trocken tupfen und in mundgerechte Stücke schneiden. Die Garnelen waschen und trocken tupfen. Zucchini waschen, putzen und in 1 cm dicke Scheiben schneiden. Kirschtomaten waschen. Alles abwechselnd auf 8 Spieße stecken. Den Knoblauch abziehen und fein schneiden. Aus Knoblauch, Öl, Salz, Pfeffer und den Kräutern eine Marinade herstellen und die Fischspieße damit bestreichen.
- Den Grill des Backofens auf 200 Grad vorheizen. Die Spieße auf ein mit Alufolie ausgelegtes Backblech setzen und etwa 8 Min. grillen. Die Spieße dabei wenden und mit der Ölmischung bestreichen.

▶ Variante:
Die Fischwürfel mit hauchdünnen Schinkenscheiben umwickeln und mit Pilzen und Zwiebelspalten auf den Spieß stecken.

Schnitzel-Spieße

Da freut sich die Fleischfraktion.

▶ Für 4 Personen
gut vorzubereiten
10 Min. + 10 Min. Garzeit

4 Schweineschnitzel à 125 g · Salz · Pfeffer · 20 kleine Champignons · 8 Backpflaumen · 4 dünne Scheiben Frühstücksspeck · 1 TL Olivenöl

- Das Schnitzel waschen, trocken tupfen und in Streifen schneiden. Mit Salz und Pfeffer würzen. Die Champignons mit Küchenkrepp abreiben. Die Backpflaumen mit je einer halben Scheibe Frühstücksspeck umwickeln.
- Abwechselnd Fleisch, Champignons, Pflaumen auf die Spieße stecken. Eine beschichtete Grillpfanne mit Öl dünn einpinseln und die Spieße etwa 8 – 12 Min. von allen Seiten braten.

Lachs-Zucchini-Ciabatta

Gesund und handgerecht verpackt

▶ Für 4 Personen
gelingt leicht 30 Min.
1 Knoblauchzehe · 150 g Joghurt · 150 g Mayonnaise · Salz · Pfeffer · Saft von ½ Zitrone · ½ Bund Schnittlauch · 2 Zucchini · 3 EL Rapsöl · 500 g Lachsfilet · 4 Ciabatta-Brötchen

- Knoblauch abziehen und fein hacken. Zusammen mit dem Joghurt und der Mayonnaise verrühren. Mit Salz, Zucker und Zitronensaft abschmecken. Schnittlauch in feine Röllchen schneiden und unterrühren. Zucchini waschen, putzen und längs in dünne Scheiben schneiden.
- Das Öl in eine beschichtete Pfanne geben und die Zucchini darin portionsweise anbraten, salzen und pfeffern. Auf einem Küchenpapier abtropfen lassen. Lachs waschen, trocken tupfen und in 4 Stücke teilen, salzen und pfeffern. In derselben Pfanne von beiden Seiten etwa 4 Min. braten. Brötchen aufschneiden und mit Zucchini und Lachsfilet belegen. Die Sauce darüber verteilen. Das Oberteil des Brötchens darauf andrücken.

Tipp
Mit einem Gemüsehobel oder einer Schneidemaschine bekommen Sie die Zucchinischeiben besonders dünn hin.

Knusprige Pilzecken

Ausprobieren lohnt sich.

▶ Für 12 Stück
geht schnell
15 Min. + 15 Min. Backzeit
3 quadratische Scheiben TK-Blätterteig · 150 g Champignons · 1 EL Butter · 125 g Blauschimmelkäse

- Den Blätterteig auftauen lassen. Den Backofen auf 220 Grad (Umluft 200 Grad) vorheizen. Inzwischen die Pilze mit einem Küchenkrepp abreiben und in Scheiben schneiden. Die Pilze in der Butter von allen Seiten anbraten.
- Den Käse in 12 kleine und dünne Scheibchen schneiden. Die Blätterteigscheiben 2-mal diagonal in 4 Dreiecke schneiden. Mittig je ein Käsescheibchen auf die Blätterteigdreiecke legen. Die Pilze darauf verteilen. Die Dreiecke auf ein mit Backpapier belegtes Blech setzen und im Backofen bei mittlerer Schiene etwa 10 Min. backen. Noch warm servieren.

Spaghetti-Lachs-Muffins

Unschlagbar (Foto S. 75)!

▶ Für 12 Muffins
gelingt leicht
20 Min. + 25 Min. Backzeit
250 g Spaghetti · Salz · 150 g geräucherter Lachs · 1 Bund Dill · 100 g Parmesan · 3 Eigelbe · 200 g Sahne · Pfeffer

- Spaghetti nach Packungsanweisung in Salzwasser sehr al dente garen. Lachs in feine Streifen schneiden. Dill waschen und fein hacken. Je 1 EL Lachs und etwas Dill beiseitelegen. Die Vertiefungen einer Muffinsform einfetten. Den Backofen auf 180 Grad vorheizen.
- Die Spaghetti abgießen, gründlich abtropfen lassen und mit dem Lachs und dem Dill vermengen. Mit einer Gabel die Spaghetti in den Vertiefungen zu einem Nest formen. Zurückbehaltenen Lachs und Dill auf den Spaghetti verteilen.
- Den Parmesan reiben. Mit Eigelb und Sahne verrühren. Mit Salz und Pfeffer würzen. Die Masse mithilfe eines Löffels über die Spaghetti gleichmäßig verteilen. Die Spaghetti-Lachs-Muffins 25 Min. backen.

Überbackenes Gemüsebrot

Bitte noch eine weitere Scheibe!

▶ **Für 4 Personen**
preisgünstig · 20 Min.
200 g Zucchini · 3 Tomaten · 1 Basilikumstängel · 2 EL Olivenöl · Salz · Pfeffer · 125 g Mozzarella · 4 Scheiben dunkles Bauernbrot

- Den Backofen auf 200 Grad (Umluft 180 Grad) vorheizen. Zucchini waschen, putzen und raspeln. Tomaten waschen, putzen und würfeln. Basilikum zupfen, waschen und in Streifen schneiden. Alles zusammen in eine Schüssel geben, salzen und pfeffern und das Olivenöl untermengen.
- Mozzarella in Scheiben schneiden. Das vorbereitete Gemüse auf den Brotscheiben verteilen. Zum Schluss die Mozzarellascheiben darauf verteilen und auf mittlerer Schiene oder direkt unter dem Grill etwa 5 Min. überbacken, sodass der Käse leicht schmilzt.

Tipp
Wer mag, pfeffert und streut frisch geschnittenes Basilikum auf das Brot!

Käse-Lauch-Frittata

Lässt sich auch kalt aus der Butterbrotbox genießen.

▶ Für 4 Personen
preisgünstig
30 Min. + 15 Min. Backzeit

800 g Kartoffeln · 4 EL Olivenöl · Salz · 2 Stangen Lauch · Pfeffer · ½ Bund glatte Petersilie · 6 Eier · 6 EL Sahne · 100 g geriebener Emmentaler

- Kartoffeln waschen, schälen und in 1 cm große Würfel schneiden. Öl in einer ofenfesten und beschichteten Pfanne erhitzen und die Kartoffelwürfel hineingeben. Salzen und 10 Min. braten. Den Backofen auf 200 Grad (Umluft 180 Grad) vorheizen. Lauch waschen, putzen und in Ringe schneiden. Lauch zu den Kartoffeln geben und 5 Min. mitbraten. Mit Salz und Pfeffer würzen.
- Petersilie waschen, zupfen und fein hacken. Die Eier mit der Sahne verrühren. Kräftig mit Salz und Pfeffer würzen. Emmentaler und Petersilie in die Pfanne geben und gleichmäßig verteilen. Eiermasse darübergießen, kurz stocken lassen und dann im Backofen 15 Min. backen. Die Frittata in mundgerechte Quadrate schneiden und mit einem Zahnstocher servieren.

Sandwichtoast Caprese

Italienisch für Vegetarier

▶ Für 4 Personen
gelingt leicht 10 Min.

2 Tomaten · 125 g Mozzarella · 4 Basilikumstängel · 20 g Butter · 8 Scheiben Mehrkorntoast · Salz · Pfeffer

- Die Tomaten waschen, halbieren, putzen und in Würfel oder Scheiben schneiden. Den Mozzarella abtropfen lassen und fein würfeln. Basilikum waschen, trocken tupfen und die Blätter von den Stielen zupfen. In Streifen schneiden. Alles in ein Schälen geben und vermengen.
- Die Toastscheiben mit Butter dünn bestreichen. Die vorbereiteten Zutaten auf 4 Brotscheiben gleichmäßig verteilen. Leicht salzen und pfeffern. Die anderen Brotscheiben darüberklappen und im Sandwichtoaster toasten.

▶ Variante:
Lecker schmeckt auch ein Toast mit Pilzen, Frühlingszwiebeln und Schinkenwürfeln. Einfach 100 g Champignons in dünne Scheiben schneiden. Ebenso 2 Frühlingszwiebeln. Pilze und Zwiebeln mit 40 g Schinkenwürfeln vermengen und auf den Toastscheiben verteilen.

Sandwichtoast Hawaii

Exotisches am Abend

▶ Für 4 Personen
gelingt leicht 10 Min.

20 g Butter · 8 Scheiben Buttertoastbrot · 4 Scheiben Gouda · 2 Scheiben gekochter Schinken · 4 Ringe Ananas

- Die Toastscheiben mit Butter bestreichen. Die Goudascheiben passend schneiden und auf den Toastbrotscheiben verteilen. Den gekochten Schinken in Viertel schneiden. Je ein Viertel auf den Käse legen. Zum Schluss die Ananas auf den gekochten Schinken setzen.
- Mit jeweils einer belegten Brotscheibe zudecken. Die zusammengeklappten Toastbrotscheiben in den Sandwichtoaster geben und toasten.

▶ Rigatoni mit Möhren-Nuss-Sauce (Seite 85)

Lilli allein zu Hause – Mama hat vorgekocht

Wenn Mütter arbeiten, dann sind die Kinder schon mal eher von der Schule zu Hause als die Eltern. Selbständige Kids schieben dann alleine den Auflauf in den Ofen oder kochen die Nudeln zur passenden Sauce, die dann nur noch schnell warm gemacht werden muss.

Mithelfen wie die Großen

Damit Ihre Kids Sie beim Kochen auch irgendwann unterstützen können, müssen sie natürlich herangeführt werden. Es ist erforderlich, dass sie sich mit dem Backofen und Herd auskennen. Wenn am Wochenende Zeit ist, sollten Kinder daher beim Kochen mit einbezogen werden, damit sie ein wenig Erfahrung sammeln. So können Kids unter Aufsicht lernen, Nudeln zu kochen. Auch hilft es, eine detaillierte Anleitung zu schreiben, die dann eine Gedankenstütze ist. Es ist noch kein Meister vom Himmel gefallen und ohne zuvor mit Ihrem Kind geübt zu haben, wird es auch immer ein riesiger Stress bleiben, wenn Ihr Kind allein in der Küche am Ofen hantiert. Es hört sich einfach an, aber wir vergessen dabei unsere langjährigen Erfahrungen, die wir mit dem Kochen gemacht haben. Das erste Mal ist ein großer Schritt für die Kleinen. Ich würde es weniger vom Alter abhängig machen, wann ein Kind das kann als vielmehr davon, wie Sie es vorbereitet haben.

Der Weg ist das Ziel

So lernen Kinder Nudeln, Reis und Kartoffeln kochen: Ihre Kids machen unter Ihrer Beobachtung und Anleitung alles selbst und jeder Schritt wird in einem persönlichen Kinderkochbuch dokumentiert. Es eignet sich ein Ringbuch, wo man alle Rezepte in Klarsichtfolie ablegt. So sind die Rezepte vor Nässe und Dreck in der Küche weitgehend geschützt. Je detaillierter Sie oder Ihr Kind das Rezept aufschreiben, umso besser für den Alleingang. So wird z. B. die Nudelmenge genau festgelegt. Der Topf wird beschrieben. Die Angabe über die Wassermenge im Topf sowie die Zugabe von Salz darf nicht fehlen. Auch die Temperaturen beim Kochen spielen eine wichtige Rolle. Zuerst auf höchster Stufe, je nach Herd Stufe 3 oder 9. Wenn das Wasser kocht eine Reduzierung der Hitze auf Stufe 6 oder 2. Sowie den Deckel schräg stellen, damit kein Wasser überkocht. Das Abseihsieb benennen. Das Abgießen und Warmhalten beschreiben. Alle diese Schritte sollten vorher einmal vom Kind selbständig geübt werden, so kann beim alleinigen Kochen alles reibungslos klappen. Sind die Kinder noch klein und haben daher kurze Arme, ist das Abgießen von Nudel-, Reis- oder Kartoffelwasser etwas schwierig und birgt die Gefahr einer Verbrennung. Daher ist zu überlegen, ob die Kinder nicht lieber mit der Schaumkelle das Gargut aus dem Wasser holen.

Viel Lob und wenig Tadel

Wer gerne möglichst selbständig kochende Kinder haben möchte, sollte seine Kinder viel loben und begeistert sein, wie gut alles in der Küche klappt. Wenn mal etwas danebengeht, sollten Sie auf Misserfolge mit Trost statt mit Tadel reagieren. Die meisten Kinder sind sehr bemüht, alles richtig zu machen, und sind dann selbst sehr enttäuscht, wenn es nicht klappt. Neben dem Kochen sollten Sie Ihre Kinder auch einweisen, aufzuräumen und abzuwaschen. Insbesondere, wenn Kinder älter werden und Spaß am Kochen haben, sollte das Aufräumen der Küche als Selbstverständlichkeit dazugehören. Sie wollen ja nicht als Mama-Abwaschfrau genutzt werden.

Belohnung für die Küchenhilfe

Halten Sie das Taschengeld klein und bieten Sie Ihrem Kind Anreize, sich bei der Küchenarbeit etwas dazuzuverdienen. Vielen Kids macht es viel mehr Spaß, den Müll hinauszubringen oder die Spülmaschine auszuräumen, wenn dies finanziell entlohnt wird. Dabei muss nicht viel Geld fließen, sondern je nach Alter reichen 20 bis 50 Cent, wenn eine Woche lang der Abendbrottisch gedeckt wird. Das gilt auch für das Zubereiten von Salatsaucen und einfachen Nachtischen. Kinder, die gleich eine ganze Mahlzeit kochen, verdienen neben ganz viel Lob auch eine kleine finanzielle Entschädigung.

Fruchtige Ofenschnitzel

Mit Aprikosen überbacken

▶ Für 4 Personen

exotische Zutaten ⏲ 20 Min. + 20 Min. Backzeit

1 Dose Aprikosen (425 ml) · 1 Zwiebel · 1 EL Rapsöl · 1 – 2 EL Currypulver · 200 ml Kokosmilch · 150 g Crème fraîche · Salz · Pfeffer · 100 ml süßsaure Asia-Sauce · 1 Bund Frühlingszwiebeln · 4 Putenschnitzel · 40 g Preiselbeeren aus dem Glas

- Die Aprikosen abgießen, den Saft dabei auffangen. 4 Aprikosenhälften beiseitelegen. Den Rest würfeln. Die Zwiebel abziehen und fein würfeln. Das Öl in einem Topf erhitzen, die Zwiebel darin glasig dünsten. Mit Curry bestäuben und die Kokosmilch angießen. Aprikosenwürfel unterheben und Crème fraîche unterrühren. Salz, Pfeffer, etwas Aprikosensaft und Asia-Sauce zugeben.
- Die Lauchzwiebeln putzen, waschen und in Ringe schneiden. Unter die Sauce heben. Die Schnitzel waschen und trocken tupfen. Die Schnitzel in eine gefettete, flache Auflaufform setzen. Die Sauce darübergießen und jeweils eine Aprikose mit Schnittfläche nach oben auf die Schnitzel setzen und mit Preiselbeeren füllen. Über Nacht im Kühlschrank mit Folie abgedeckt aufbewahren.
- **Am nächsten Tag** den Backofen auf 200 Grad (Umluft 180 Grad) vorheizen und die Schnitzel etwa 20 Min. im Backofen garen.

▶ Das passt dazu:

Zu den fruchtigen Ofenschnitzeln passt Reis. Kaufen Sie Reis im Kochbeutel. Das ist kinderleicht in der Zubereitung. Beim ersten Mal sind sie dabei, danach wird ihr Kind den Reis schon selbst kochen können und stolz darauf sein.

Farfalle mit Fenchel-Wirsing-Sauce

Grüne Sauce als vegetarischer Fitmacher

▶ Für 4 Personen

gelingt leicht ⏲ 45 Min.

250 g Fenchel · Salz · 1 Knoblauchzehe · 1 kleine Zwiebel · 150 g Wirsing · ½ Bund glatte Petersilie · 1 EL Olivenöl · 100 g Sahne · 100 g Crème fraîche · 3 EL frisch geriebener Parmesan · Pfeffer · 400 g Farfalle

- Den Fenchel waschen, putzen und klein schneiden. Fenchelgrün fein hacken und beiseitestellen. Fenchel in Salzwasser 15 Min garen. Inzwischen Knoblauch und Zwiebel abziehen und fein hacken. Den Wirsing putzen, Blätter ablösen und gründlich waschen. Die Petersilie waschen und grob hacken.
- Das Öl in einem Topf erhitzen. Knoblauch und Zwiebeln darin glasig dünsten. Den tropfnassen Wirsing grob schneiden, dazugeben und zusammenfallen lassen. Ist der Fenchel gar, in ein Sieb abgießen und gut abtropfen lassen. Dabei das Kochwasser auffangen und etwa 6 EL zurückbehalten.
- Fenchel zusammen mit dem Wirsing, der Petersilie und dem Fenchelgrün vermengen, im Mixer oder einem hohen Gefäß mit dem Pürierstab pürieren. Fenchelkochwasser, Sahne, Crème fraîche und Parmesan unterrühren und mit Salz und Pfeffer abschmecken.
- **Am nächsten Tag** die Farfalle nach Packungsanweisung in leicht gesalzenem Wasser garen. Die Sauce erwärmen. Nicht zu stark erhitzen. Die Nudeln abgießen oder mit der Schaumkelle aus dem Wasser schöpfen und mit der Sauce vermengen.

Brokkoli-Schinken-Lasagne

Schmeckt immer!

► **Für 4 Personen**
gut vorzubereiten
⏲ **20 Min. + 40 Min. Garzeit**
500 g Brokkoli · Salz · 1 Zwiebel · 1 EL Butter · 1 EL Mehl · 500 ml Milch · Pfeffer · Muskat · 150 g gekochter Schinken in Scheiben · 100 g geriebener Gouda · 300 g Lasagneplatten

- Brokkoli waschen, putzen, in Röschen teilen und in Salzwasser 5 Min. garen. Kalt abschrecken und in einem Sieb abtropfen lassen. Zwiebel abziehen, fein hacken und in der Butter glasig dünsten. Mehl zugeben, anschwitzen. Nach und nach die Milch zugießen und unter Rühren aufkochen lassen. Mit Salz, Pfeffer und Muskat würzen.
- Den Schinken würfeln. Eine Auflaufform einfetten, auf den Boden etwas Sauce geben und dann im Wechsel Nudelplatten, Brokkoli, Schinken, Sauce und Käse zwischen den Platten schichten. Mit Sauce und Käse abschließen. Darauf achten, dass die oberste Lage mit Sauce und Käse bedeckt ist.
- **Am nächsten Tag** die Lasagne etwa 30–40 Min. im Backofen bei 200 Grad (Umluft 180 Grad) backen.

Lauch-Braten-Auflauf

Ein typisches Resteessen

▶ Für 4 Personen
gut vorzubereiten ⏲ 40 Min.
1 kg Lauch · 1 EL Butter · Salz · Pfeffer · 400 ml Gemüsebrühe · 200 g Kräuterschmelzkäse · 200 g Sahne · 400 g gegarter Schweinebraten · 50 g Gouda

- Lauch putzen, waschen und schräg in 2 cm breite Ringe schneiden. Lauch in der Butter andünsten. Anschließend salzen, pfeffern und die Gemüsebrühe angießen. 5 Min. garen lassen, dann abgießen und dabei die Brühe auffangen. Die Brühe erwärmen. Den Schmelzkäse einrühren und mit der Sahne aufgießen. Etwa 5 Min. sämig einkochen lassen. Salzen und pfeffern.
- Den Braten in dünne Scheiben schneiden. Eine Auflaufform einfetten und den Lauch und den Braten einschichten. Mit der Käsesauce übergießen und mit dem Emmentaler bestreuen.
- **Am nächsten Tag** den Lauch-Braten-Auflauf im Backofen bei 200 Grad (Umluft 180 Grad) 20 Min. backen.

Spätzle-Pilz-Auflauf

So gut wie auf der Almhütte!

▶ Für 4 Personen
gut vorzubereiten ⏲ 40 Min.
2 Zwiebeln · 300 g Champignons · 2 EL Rapsöl · 100 g Schinkenwürfel · 600 g Eierspätzle · 100 g geriebener Emmentaler · Salz · Pfeffer

- Zwiebeln abziehen und in feine Ringe schneiden. Champignons mit Küchenkrepp abreiben, putzen und feinblättrig schneiden. Zwiebelringe im Öl glasig dünsten, die Schinkenwürfel hinzufügen. Sobald alles angeröstet ist, herausnehmen. Im Bratenfett die Champignons anbraten.
- Die Spätzle nach Packungsanweisung in kochendem Salzwasser garen. Sobald die Spätzle hochsteigen und oben schwimmen, in ein Sieb abgießen und abtropfen lassen. Mit Champignons, Zwiebeln und Schinken vermengen. Die Hälfte des Käses unterrühren. Das Ganze in eine gefettete Auflaufform geben.
- **Am nächsten Tag** den restlichen Käse über den Auflauf streuen und den Spätzle-Pilz-Auflauf etwa 20 Min. bei 200 Grad (Umluft 180 Grad) im Backofen backen.

Penne mit Paprikasauce

Schnell wie der Blitz

▶ Für 4 Personen
gut vorzubereiten ⏲ 20 Min.
2 rote Paprikaschoten · 2 Zwiebeln · 2 EL Olivenöl · 2 TL Paprikapulver · 100 ml Gemüsebrühe · 4 EL saure Sahne · Salz · 400 g Penne · 1 Bund Schnittlauch · 4 EL Doppelrahm-frischkäse

- Paprikaschoten waschen, vierteln, putzen und in feine Streifen schneiden. Zwiebeln abziehen und in Streifen schneiden. Paprika- und Zwiebelstreifen im Öl bei mittlerer Hitze ein paar Minuten andünsten. Paprikapulver gut untermischen. Die Gemüsebrühe dazugeben, Deckel auflegen und die Sauce 3–4 Min. köcheln lassen. Saure Sahne untermischen, salzen.
- **Am nächsten Tag** die Penne nach Packungsanweisung in leicht gesalzenem Wasser garen. Schnittlauch waschen, trocken schütteln und in Röllchen schneiden. Die Sauce erwärmen. Nicht zu stark erhitzen. Die Schnittlauchröllchen und den Frischkäse unterrühren. Die Nudeln abgießen oder mit einer Schaumkelle aus dem Nudelwasser heben und mit der Sauce vermengen.

Rigatoni mit Möhren-Nuss-Sauce

Kann es wöchentlich geben (Foto S. 81)!

▶ Für 4 Personen
gut vorzubereiten ⌚ 30 Min.
250 g Möhren · 200 ml Gemüsebrühe · Salz · 200 g Sahne · 3 EL frisch geriebener Parmesan · ½ TL gerebelter Thymian · Pfeffer · 3 EL gemahlene Haselnüsse · evtl. etwas Milch · 400 g Rigatoni

- Möhren waschen, schälen und in kleine Würfel schneiden. Möhren in der Gemüsebrühe zugedeckt etwa 20 Min. köcheln lassen, bis sie weich sind. Dann zusammen mit der Brühe im Mixer oder mit einem Pürierstab pürieren. Das Püree mit der Sahne, dem Parmesan und dem Thymian verrühren. Mit Salz und Pfeffer abschmecken.
- Sauce erneut köcheln lassen und die gemahlenen Haselnüsse einrühren. Falls die Sauce zu dick ist, etwas Milch zugeben.
- **Am nächsten Tag** die Rigatoni nach Packungsanweisung garen. Die Sauce erwärmen. Nicht zu stark erhitzen. Die Nudeln abgießen oder mit der Schaumkelle aus dem Wasser holen und mit der Sauce vermengen.

Kräutercremesuppe

Würzig & samtig

▶ Für 4 Personen
gut vorzubereiten ⌚ 30 Min.
1 Zwiebel · 1 Knoblauchzehe · 300 g Kartoffeln · 1 EL Rapsöl · 800 ml Gemüsebrühe · 1 Bund Petersilie · 1 Handvoll Brunnenkresse · 200 g Sahne · 4 Scheiben Toast · Saft von ½ Zitrone · 2 EL Butter · 2 EL Sonnenblumenkerne · Salz · Pfeffer

- Zwiebel und Knoblauch abziehen und fein würfeln. Kartoffeln waschen, schälen und fein würfeln. Zwiebeln in Öl glasig dünsten, Knoblauch und Kartoffeln hinzufügen. Mit der Brühe ablöschen und 15 Min. köcheln lassen.
- Petersilie und die Brunnenkresse waschen, zupfen und grob hacken. Toast entrinden und in Würfel schneiden. Kräuter zur Suppe geben und mit dem Pürierstab pürieren, vom Herd nehmen. Die Sahne zugeben und mit Zitronensaft, Salz und Pfeffer abschmecken. Brotwürfel in der Butter anbraten. Sonnenblumenkerne hinzufügen und mit anrösten. Mit Salz würzen.
- **Am nächsten Tag** die Suppe unter Rühren erwärmen, dabei darauf achten, dass sie nicht kocht. Die Croutons und Sonnenblumenkerne zur Suppe servieren.

Gemüsecremesuppe

Im Handumdrehen vorbereitet

▶ Für 4 Personen
gut vorzubereiten ⌚ 25 Min.
300 g tiefgekühltes Suppengemüse · 2 EL Rapsöl · 4 EL Grünkernschrot · 800 ml Gemüsebrühe · Salz · Pfeffer · 1 Bund Schnittlauch · 200 g Sahne

- Das Suppengemüse antauen lassen. Das Rapsöl in einem Topf erhitzen und den Grünkern darin leicht anrösten. Das Suppengemüse hinzufügen und mit der Brühe ablöschen. Das Ganze zum Kochen bringen und etwa 15 Min. köcheln lassen. Die Suppe mit einem Pürierstab pürieren. Dann aufkochen lassen. Salzen und pfeffern.
- **Am nächsten Tag** die Suppe unter Rühren erwärmen und dabei darauf achten, dass sie nicht kocht. Den Schnittlauch waschen und in Röllchen schneiden. Die Suppe mit der Sahne verfeinern, auf Suppentellern verteilen und mit den Schnittlauchröllchen garnieren.

Hippe Getränke – und viiiiiiel leckerer als Cola

Wasser und Früchtetee sind die gesündesten Durstlöscher, doch leider wollen viele Kids andere Getränke. Sie lieben bunte, süße und fruchtige Getränke. Limo, Cola enthalten nur Zucker und keine weiteren Nährstoffe, daher sollten diese Getränke wirklich eine Ausnahme sein.

Alternative bei mäkeligen Essern

Auch wenn allgemein negativ über Smoothies, Fruchtsäfte und Milch als Getränk wegen seines hohen Kalorienwertes berichtet wird, so sind diese Getränke bei Leichtgewichten ideal als Zwischenmahlzeit. Sie führen schnell zu einer großen Aufnahme von Kalorien – ohne Meckern und stets mit größtem Vergnügen. Kinder haben auch immer wieder Phasen, während derer ihnen Obst zu essen langweilig geworden ist. Obst als Getränk zu verpacken ist ideal: Eine Bowle mit bunten Früchten begeistert Kids. Und Sie sollten dabei nicht alleine in der Küche stehen und die Bowle zubereiten, sondern sich die Unterstützung von Kindern holen. Kinder unterstützen sie meist gerne und oft kommen Sie dabei auf neue Kreationen. Auch wenn Sie Ihnen nicht sehr lecker vorkommen, lassen Sie Ihr Kind davon eine Portion herstellen. Selbst wenn es in Wirklichkeit auch Ihrem Kind nicht schmeckt, es wird meist tapfer getrunken, da selbst zubereitet. Und wer gibt da schon gerne zu, dass er danebengelegen hat.

Smoothie – mit viel Fruchtmark

Ein selbstgemachter Smoothie ist immer einem gekauften vorzuziehen. Selbstgemacht steuern Sie den Anteil an Zucker und außerdem sind frisch pürierte und gepresste Säfte mit einem höheren Anteil an aktiven sekundären Pflanzenstoffen versehen. Auch wenn die gekauften Säfte frei von Konservierungsstoffen sind, so ist die Herstellung doch so angelegt worden, dass es zu keinen Oxidationsprozessen kommt. Eine selbst entsaftete Möhre oder ein gepresster Apfel sind im Nu braun. Sie müssen nach der Zubereitung zügig getrunken werden. Ein Püree setzt sich bei hausgemachten Drinks meist sehr schnell ab. Gekaufte Produkte bleiben hingegen homogen und können lange aufbewahrt werden, ohne dass sie sich verändern. Dies geht nur durch einen chemischen bzw. physikalischen Eingriff und daher sind die Getränke oft weniger natürlich als die selbstgemachten. Selbst gemachte Smoothies sollten möglichst bald nach der Herstellung getrunken werden.

Selbst gemacht – ganz ohne Zucker

Die selbst zubereiteten Drinks werden Zucker stets in irgendeiner Form und Menge haben. Mixen Sie grüne Bananen mit Buttermilch, werden Sie kaum begeisterte Abnehmer finden. Das Getränk schmeckt vermutlich wenig süß. Also macht es Sinn, das Ganze mit etwas Zucker, Honig oder Ahornsirup geschmacklich aufzuwerten. Nimmt man sehr reife Bananen kann es sein, dass Sie und Ihre Familie dies als süß genug empfinden. Hier ist der größte Teil der Stärke aus der Banane bereits in Zucker umgewandelt worden. Bei gleichem Süßegrad des Getränkes werden Sie eine ähnliche Menge Zucker aufgenommen haben, nur dass die Quellen unterschiedlich sind. Für Ihren Organismus macht dies keinen großen Unterschied. Zucker ist nichts Böses. Es ist alles eine Frage der Menge. Bei diesen Getränken handelt es sich immer um Mahlzeiten und um reine Durstlöscher.

▶ Kunterbunte Früchte-Bowle (Seite 88), Drakulas Blut (Seite 89) und Himbeer-Schoko-Eisdrink (Seite 91)

FRIDA
STELLA
MAX

Kunterbunte Früchte-Bowle

Nicht nur für Kids, auch für Autofahrer ideal (Foto S. 87).

▶ Für 8 Personen
exotische Zutaten ⏲ 10 Min.

2 Nektarinen · 2 Kiwis · 250 g Erdbeeren · 2–4 Minzestängel · 2 Zweige Stevia · Saft von 1 Zitrone · 700 ml weißer Traubensaft (gut gekühlt) · 750 ml Mineralwasser mit Kohlensäure (gut gekühlt)

- Die Nektarinen waschen, über Kreuz einritzen, in eine Schüssel legen und mit kochendem Wasser übergießen. Kurz darin liegen lassen, herausnehmen und mit einem Messer die Haut abziehen. Die Kiwis schälen, der Länge nach halbieren und würfeln. Die Erdbeeren waschen, abtropfen lassen, putzen und je nach Größe halbieren, vierteln oder achteln.
- Minze und Stevia abbrausen, Blätter von den Stängeln zupfen. Alle Früchte zusammen mit dem Zitronensaft und den Kräutern in ein Bowlengefäß geben und kalt stellen. Den Traubensaft angießen. Kurz vor dem Servieren mit dem Mineralwasser aufgießen.

Exotic-Bowle

Lust auf ein zweites Glas

▶ Für 8 Personen
exotische Zutaten ⏲ 10 Min.

1 Ananas · 1 Mango · 100 ml Grenadinesirup · Saft von 2 Zitronen · ¾ l Ginger Ale (gut gekühlt) · 750 ml Mineralwasser mit Kohlensäure (gut gekühlt)

- Die Ananas schälen und in Würfel schneiden. Die Mango schälen, das Fruchtfleisch vom Stein schneiden und ebenfalls würfeln.
- Die Ananas- und Mangowürfel zusammen mit Grenadinesirup und Zitronensaft in ein Bowlengefäß geben und kalt stellen. Kurz vor dem Servieren mit Ginger Ale und Mineralwasser aufgießen.

Zitrus-Bowle

Eine kleine Vitamin-C-Bombe

▶ Für 8 Personen
gelingt leicht ⏲ 10 Min.

2 Zitronen · 4 Orangen · 1 Grapefruit · 1 l Ananassaft · ½ l Orangensaft · 300 ml Acerolasaft · 750 ml Mineralwasser mit Kohlensäure (gut gekühlt)

- Zitronen, Orangen und Grapefruit schälen, in Scheiben schneiden und diese vierteln. Die Zitrusfrüchte zusammen mit Ananassaft, Orangensaft und Acerolasaft in ein Bowlengefäß geben und kalt stellen. Kurz vor dem Servieren mit Mineralwasser aufgießen.

Bananen-Kiwi-Bowle

Passt das ganze Jahr.

▶ Für 8 Personen
preisgünstig ⏲ 10 Min.
4 Kiwis · 3 Bananen · Saft von 2 Zitronen · 700 ml Bananensaft · 700 ml Orangensaft · 750 ml Mineralwasser mit Kohlensäure (gut gekühlt)

- Die Kiwis schälen und würfeln. Die Bananen schälen und in Scheiben schneiden. Beides in ein Bowlengefäß geben. Mit Zitronensaft bedecken und zugedeckt 1 Stunde durchziehen lassen. Kurz vor dem Servieren mit den beiden Säften und dem Mineralwasser aufgießen.

Melonen-Fitness-Drink

Fruchtig-cremig im Geschmack

▶ Für 2 Personen
gelingt leicht ⏲ 10 Min.
1/4 Honigmelone · 1 kleine Banane · 1 Orange · 1 Grapefruit

- Die Melone von den Kernen befreien, schälen und würfeln. Die Banane schälen und in Stücke schneiden. Orange und Grapefruit halbieren und auf einer Zitruspresse auspressen. Alle Zutaten in einen Mixer geben und pürieren. Den Drink auf 2 Gläser verteilen und direkt trinken.

Halloween-Fitness-Saft

Hier versteckt sich der Kürbis.

▶ Für 4 Personen
gelingt leicht ⏲ 10 Min.
300 g Butternutkürbisfleisch · 200 g Möhren · 3 Äpfel · 1 Kiwi · 1/2 TL Rapsöl

- Kürbis von Kernen und Fasern befreien und die Schale entfernen. In Streifen schneiden, sodass er in die Saftpresse passt. Die Möhren waschen und putzen. Die Äpfel in Achtel schneiden. Kürbis, Möhren und Äpfel in die Saftpresse geben und entsaften. Kiwi schälen und klein schneiden, dann pürieren. Das Kiwipüree und das Öl unter den Saft rühren. Den Saft auf 4 Gläser verteilen und direkt trinken.

Drakulas Blut

Schmeckt süß und gibt Kraft (Foto S. 87).

▶ Für 4 Personen
exotische Zutaten ⏲ 10 Min.
2 Rote Bete · 200 g Möhren · 4 Äpfel · 1 Stück Ingwer · 2 Orangen

- Rote Bete schälen und passend für die Saftpresse schneiden. Die Möhren waschen und putzen. Die Äpfel in Achtel schneiden. Den Ingwer schälen. Rote Bete, Möhren, Äpfel und Ingwer in die Saftpresse geben und entsaften. Orangen halbieren und auf der Zitruspresse auspressen. Den Orangensaft unter den roten Saft mischen und den Saft auf 4 Gläser verteilen. Direkt trinken

Mango-Lassi

Nicht nur beim Inder lecker!

▶ Für 2 Personen
exotische Zutaten 5 Min.
1 Mango · 2 EL brauner Zucker · 300 g Joghurt · 100 – 200 ml kaltes Leitungswasser

- Die Mango schälen. Das Fruchtfleisch vom Stein schneiden. Fruchtfleisch mit Zucker und Joghurt in einen Mixer geben und pürieren. Das kalte Wasser unterrühren und den Lassi auf 2 Gläser verteilen.

▶ Variante:
Mit Mango aus der Dose lässt sich das Getränk ebenfalls zubereiten. Lassen Sie dann den Zucker weg.

Tomaten-Buttermilch-Shake

Auf die Schnelle!

▶ Für 4 Personen
preisgünstig 5 Min.
500 ml Buttermilch · 250 g tiefgekühlte exotische Obstmischung · 2 EL Ahornsirup · 100 ml Tomatensaft

- Die Buttermilch mit den angetauten Früchten und dem Ahornsirup in einen Mixer geben und fein pürieren. Den Tomatensaft unterrühren und den Shake auf 4 Gläser verteilen.

Orangen-Möhren-Eisdrink

Für Eisfans ideal!

▶ Für 1 Person
gelingt leicht 5 Min.
150 ml kalter Orangensaft ·
50 ml kalter Möhrensaft · 1 Kugel Vanilleeis

- Kalten Orangen- und Möhrensaft mit einer Kugel Vanilleeis in einen Mixer geben und gut durchmixen. Den Eisdrink in ein Glas gießen. Eventuell das Glas mit einer Orangenscheibe garnieren.

Zitronen-Buttermilch

Erfrischend!

▶ Für 2 Personen
gelingt leicht 5 Min.
1 Banane · 400 ml Buttermilch · 2 Kugeln Zitroneneis ·
1 EL Zitronensaft

- Die Banane schälen. Die Buttermilch mit dem Zitroneneis, der Banane und dem Zitronensaft pürieren.
- Den Drink in 2 Gläser füllen und genießen.

Himbeer-Schoko-Eisdrink

Auch lecker als Nachtisch (Foto S. 87).

▶ Für 2 Personen
gelingt leicht ⏱ 5 Min.
200 ml Milch · 150 g Joghurt · 200 g tiefgekühlte Himbeeren · 1 EL Zucker · 2 Kugeln Schokoladeneis · 2 TL Schokoblättchen

- Die Milch mit dem Joghurt, den angetauten Himbeeren und dem Zucker im Mixer pürieren. Die Himbeermilch in zwei Gläser gießen. In jedes Glas eine Kugel Schokoladeneis setzen und mit den Schokoblättchen garnieren.

Bananen-Maracuja-Shake

Lust auf Kokos.

▶ Für 4 Personen
exotische Zutaten ⏱ 5 Min.
2 Bananen · 500 g Joghurt · 200 ml Maracujasaft · Saft von 1 Zitrone · 100 ml Kokosmilch · 1 EL Honig

- Die Bananen schälen und in Stücke schneiden. Zusammen mit dem Joghurt in den Mixer geben und pürieren. Maracujasaft, Zitronensaft, Kokosmilch und Honig unterrühren. Den Shake auf 4 Gläser verteilen und servieren.

Birnen-Möhren-Shake

Im Herbst ein fruchtiger Shake.

▶ Für 4 Personen
gelingt leicht ⏱ 5 Min.
3 weiche Birnen · 2 EL gemahlene Mandeln · 200 ml Möhrensaft · 500 ml Kefir · 1 EL brauner Zucker

- Die Birnen schälen, vierteln und das Kerngehäuse herausschneiden. Birnen zusammen mit den gemahlenen Mandeln und dem Möhrensaft in einen Mixer geben und pürieren. Kefir dazugießen und unterrühren. Nach Geschmack mit dem braunen Zucker süßen und auf 4 Gläser verteilen.

Shaking Helene

Cremig!

▶ Für 2 Personen
geht schnell ⏱ 5 Min.
100 g weiche Butterbirne · 1 Prise Nelkenpulver · 250 ml Milch · 2 Kugeln Vanilleeis · 6 EL Schokoladensirup · Schokospäne und etwas Birne zum Dekorieren

- Die Birne schälen und mit dem Nelkenpulver und der Milch in einem Mixer pürieren.
- Das Eis auf 2 Gläser verteilen. Die Birnenmilch darübergießen. Danach den Schokosirup darauf verteilen. Zum Schluss mit Schokospänen garnieren.

Süße Gerichte – und hoppla: sogar gesund!

Selbstgemachte Mehlspeisen sind etwas herrliches, mit denen Kinder automatisch ihre Lust auf Süß stillen können. Das Beste: Die Süßspeisen enthalten häufig kalziumreichen Quark und andere Milchprodukte sowie frisches Obst.

Es muss nicht immer Zucker sein

Auch Honig und Ahornsirup sind beliebte Alternativen, die Ihnen und Ihrer Familie das Leben versüßen. Honig gibt es in sehr unterschiedlicher Qualität bei uns zu kaufen. Wer an die Heilkraft von Honig glaubt, darf nur kalt geschlagene Ware kaufen, denn hier sind die gesunden Stoffe, die in Minimalmengen vorkommen, noch aktiv. Doch erhitzt hat Honig mit einem homöopathischen Mittel nichts zu tun. Bei Ahornsirup handelt es sich um sirupartig eingekochten Pflanzensaft des Ahornbaumes. Er hat einen karamellartigen bis nussig-süßen Geschmack und enthält ebenso wie Honig mehr Einfachzucker, an erster Stelle Fruktose, und ist weniger süß, dafür etwas kalorienärmer als Zucker.

Wie süß darf es denn sein?

Schwer zu beantworten. Ich würde sagen, es darf jeden Tag etwas Süßes geben. Ob als Nachtisch direkt nach der Hauptmahlzeit oder als Zwischenmahlzeit hängt von Ihren Bedürfnissen ab. Dabei muss auch nicht immer ein Dessert gezaubert werden. Ich finde es auch okay, wenn mal ein fertiger Fruchtjoghurt oder ein Eis gegessen wird. Persönlich meine ich zu beobachten, wenn es eine süße Zwischenmahlzeit oder ein Dessert gibt, ist das Verlangen nach dem Naschzeug einfach geringer. Streng genommen ist die Marmelade auf dem Brot auch etwas Süßes, aber wer hat schon Lust auf Vollkornbrot ohne jeglichen Belag? Gehen Sie es nicht zu dogmatisch an. Damit stoßen Sie nur auf Widerstand. Ist Ihr Kind gesund und schlank, dann machen Sie bezüglich gesunder Ernährung auch alles richtig.

Frisch oder Dose?

Wir müssen uns nichts vormachen, frisches Obst hat mehr Vitamine als die Dosenware. Ein weiteres Manko ist, dass Dosenfrüchte schon gesüßt sind. Ihre Vorteile liegen bei der Zubereitung auf der Hand. Sie müssen nicht mehr geschält, entsteint oder gedünstet werden. Gesundheitlich schneidet die Tiefkühlware besser als das Eingeweckte ab, doch ab und zu Ananas, Pfirsich oder Aprikose aus der Dose bzw. Sauerkirschen aus dem Glas aufzutischen, bringt die Vitaminversorgung der Familie nicht ins Wanken. Und was die Süße angeht: Bei der Dosenware geben Sie weniger Zucker zum Rezept als bei der Verwendung von Frischware.

Gesunde Milchprodukte

Gerade Kids, die keine Milch trinken und keinen Joghurt essen, können mit einem süßen Auflauf aus Quark, Milch, Joghurt oder Sahne ihre geringe Kalziumaufnahme ausgleichen. Natürlich sollten Sie keine großen Diskussionen darüber führen, was in Pfannkuchen oder süßen Aufläufen drin ist. Und: Wenn es allen schmeckt und Ihr Kind Interesse an den Gerichten zeigt, nehmen Sie die Unterstützung Ihres Kindes in der Küche an. Meist entwickelt sich die Kochlust über das Süße hin zum Pikanten.

Vollkornmehl – ja bitte!

Auch wenn als Zutat in den Rezepten nicht eindeutig Vollkornmehl steht, können Sie dies verwenden. Eventuell müssen Sie dann ein wenig mehr Flüssigkeit zugeben oder um ein Ei erweitern. Vollkornmehl wird von Kindern gut akzeptiert; es sind meistens die Väter, die über den dunklen Teig mosern und meckern, dass das Gericht viel zu trocken und hart ist. Da häufig die Mütter mit den Kindern in der Woche allein zu Mittag essen, finden die süßen Hauptgerichte, mit Vollkornmehl zubereitet, besonders großen Anklang.

▶ Quarkküchlein mit Apfelmus (Seite 94)

Milch.
Blaubeeren
Love

Quarkküchlein mit Apfelmus

Schmeckt zu jeder Tageszeit (Foto S. 93).

▶ Für 4 Personen
preisgünstig ⏲ 20 Min.
2 Eier · 500 g Magerquark · 120 g Hartweizengrieß · 50 g Zucker · 1 TL abgeriebene Zitronenschale · ¼ TL Zimt · 2 EL Rapsöl · 2 TL Butter · 1 Glas Apfelmus (350 ml)

- Die Eier trennen. Die Eigelbe mit dem Quark, Grieß und Zucker verrühren. Mit der Zitronenschale und dem Zimt abschmecken. Die Eiweiße steif schlagen und unter die Masse heben.
- Das Öl und die Butter in einer beschichteten Pfanne erhitzen. Den Teig esslöffelweise ins heiße Fett geben und bei reduzierter Hitze Küchlein backen. Zwischendurch die Quarkküchlein einmal wenden. Die Küchlein zusammen mit dem Apfelmus auf Tellern anrichten und sofort servieren.

Tipp
Als Nachtisch reicht die Hälfte für 4 Personen.

Blinis mit Quark-Mandarinen-Füllung

Mit leicht nussiger Note

▶ Für 4 Personen
gelingt leicht ⏲ 20 Min.
250 g Buchweizenmehl · 4 Eier · 150 ml Milch · 150 ml Mineralwasser mit Kohlensäure · 1 Prise Salz · 1 Päckchen Vanillezucker · 4 EL Butter · 4 Mandarinen · 250 g Quark (20 % Fett) · 2 EL Ahornsirup · 1 TL Puderzucker

- Buchweizenmehl in eine Schüssel geben. Die Eier und die Milch hinzugeben und alles zu einem glatten Teig verrühren. Den Pfannkuchenteig etwas quellen lassen. Dann das Mineralwasser unterrühren. Den Teig mit Salz und Vanillezucker abschmecken.
- Mandarinen schälen und zerteilen. Die Spalten halbieren. Den Quark mit Ahornsirup süßen und die Mandarinenstückchen unterheben. ½ EL Butter in einer beschichteten Pfanne zerlassen, etwas Teig hineingeben, später einmal wenden. Auf diese Weise 8 Pfannkuchen backen. Die Hälfte der Pfannkuchen mit der Quarkcreme bestreichen, darauf je einen Pfannkuchen setzen und mit Puderzucker bestäuben.

▶ Variante:
Anstelle von Mandarinen können Sie auch Weintrauben oder Nektarinen verwenden.

Quark-Aprikosen-Auflauf

Tut der Seele gut!

▶ Für 4 Personen
preisgünstig
⏲ 10 Min. + 40 Min. Backzeit
1 Dose Aprikosen (420 g Abtropfgewicht) · 3 Eier · 70 g Butter · 80 g Honig · 500 g Magerquark · 80 g Speisestärke · Saft und Schale von 1 unbehandelten Zitrone · 20 g Mandelblättchen

- Die Aprikosen in einem Sieb abtropfen lassen. Die Eier trennen. Eigelbe mit 50 g Butter und Honig in eine Schüssel geben und zu einer cremigen Masse rühren. Dann Magerquark, Speisestärke, Zitronensaft und -schale hinzufügen und alles miteinander verrühren. Eiweiß steif schlagen und unter die Quarkmasse heben. Den Backofen auf 200 Grad (Umluft 180 Grad) vorheizen.
- Eine Auflaufform ausfetten, die Hälfte der Quarkmasse hineingeben. Die Aprikosen darauf verteilen und mit dem restlichen Quark bestreichen. Die Mandeln darüberstreuen und die restliche Butter als Flöckchen daraufsetzen. Im vorgeheizten Backofen etwa 40 Min. backen, nach 20 Min. auf 175 Grad (Umluft 160 Grad) herunterstellen.

Haferflocken-Apfel-Auflauf

Ideal, wenn es draußen stürmt.

▶ **Für 4 Personen**
preisgünstig
15 Min. + 30 Min. Backzeit

200 g blütenzarte Haferflocken · 750 ml Milch · 750 g Äpfel · 2 EL Zitronensaft · 2 Eier · 50 g Butter · 50 g Zucker · 50 g Rosinen · 3 EL Semmelbrösel · 1 TL Zucker

- Haferflocken in der Milch aufkochen. Den Topf vom Herd nehmen und die Haferflocken ausquellen lassen. Äpfel schälen, entkernen und in Stücke schneiden. Mit Zitronensaft beträufeln und abgedeckt ziehen lassen. Den Backofen auf 200 Grad (Umluft 180 Grad) vorheizen.
- Eier trennen. Eiweiß steif schlagen. Butter, Zucker und Eigelbe schaumig schlagen, den Haferbrei zusammen mit den Rosinen unterziehen. Eischnee unterheben, die Hälfte der Masse in eine gefettete Auflaufform füllen, dann die Äpfel darauf verteilen. Den Rest der Masse daraufgeben, glatt streichen und mit Semmelbröseln und Zucker bestreuen. Den Auflauf 30 Min. goldgelb backen.

▶ **Variante:**
Anstelle von Rosinen oder zusätzlich können Sie geröstete Mandelstifte unter die Haferflockenmasse heben.

Dampfnudeln

Nach Großmutters Art

▶ **Für 4 Personen**
gut vorzubereiten
1 Stunde + 20 Min. Garzeit

500 g Mehl · 1 Ei · 1 Prise Salz · 1 Päckchen Trockenhefe · 100 g Zucker · 300 ml Milch · 80 g Butter

- Das Mehl in eine Schüssel sieben. Ei, Salz, Hefe und Zucker dazugeben. 200 ml Milch zusammen mit der Butter erwärmen, dabei soll die Butter schmelzen, aber die Milch nur lauwarm sein. Die Milch-Butter-Mischung dazugeben und alles zu einen glatten Teig verkneten. Am besten geht es mit der Küchenmaschine.
- Den Teig an einem warmen Ort, mit einem Tuch abgedeckt, etwa 30 Min. gehen lassen, bis er sich verdoppelt hat. Aus dem Teig 8 Klöße formen und weitere 15 Min. gehen lassen. In einen flachen und breiten Topf die restliche Milch geben und erwärmen. Die Dampfnudeln hineinsetzen und etwa 20 Min. bei geschlossenem Deckel garen.

▶ **Das passt dazu:**
Zu Dampfnudeln passt Vanillesauce oder ein Fruchtpüree (400 g aufgetaute Beerenmischung pürieren).

Schupfnudeln mit Mangosauce

Lauwarm genießen!

▶ **Für 4 Personen**
exotische Zutaten · 20 Min.

1 Mango · 150 g Joghurt · 2 EL Butter · 500 g Schupfnudeln aus dem Kühlregal · 4 EL Pistazienkerne

- Für die Sauce die Mango schälen und das Fruchtfleisch vom Stein abschneiden. Das Fruchtfleisch zusammen mit dem Joghurt pürieren.
- Die Butter in einer beschichteten Pfanne erhitzen und die Schupfnudeln darin bei mittlerer Hitze unter Wenden von allen Seiten braten. Die Pistazienkerne fein hacken und zum Schluss unter die Schupfnudeln mischen. Die Schupfnudeln mit der Mangosauce auf 4 Tellern anrichten und sofort servieren.

Auf ins Erdbeerland: schnelle Rezepte mit der roten Frucht

Für viele ist die Erdbeerzeit die schönste Zeit des Jahres. Klein geschnitten mit etwas Milch übergossen und wenig Zucker gesüßt, einfach nur lecker. Aber auch im Dessert, Kuchen oder als Marmelade hat die rote Beere Ihre Fans.

Erdbeer-Tiramisu

Schön locker und leicht

▶ Für 4 Personen
gut vorzubereiten
20 Min. + Kühlzeit

80 g Löffelbiskuits · 4 EL Orangensaft · 500 g Erdbeeren · 80 g Zucker · 500 g Quark (20 % Fett) · 100 g Sahne · 1 Päckchen Vanillezucker · 1 TL Kakaopulver

- Die Löffelbiskuits mit dem Orangensaft beträufeln und ziehen lassen. Die Erdbeeren waschen, putzen und je nach Größe halbieren oder würfeln. Die Erdbeeren mit der Hälfte des Zuckers bestreuen. Die Sahne mit dem Vanillezucker steif schlagen. Zusammen mit dem restlichen Zucker unter den Quark heben.
- Löffelbiskuits, Erdbeeren und Quarkcreme in Portionsschalen einschichten. Kühl stellen und kurz vor dem Servieren mit dem Kakao bestäuben. Eventuell mit den restlichen Erdbeeren garnieren.

Erdbeersoufflé

Trostpflaster an einem verregneten, kalten Sommertag

▶ Für 4 Personen
gelingt leicht
20 Min. + 20 Min. Backzeit

200 g Erdbeeren · 80 g Zucker · 2 Eigelbe · 60 g Magerquark · 3 Eiweiß · Puderzucker zum Bestäuben

- Erdbeeren waschen, putzen und pürieren. Das Püree durch ein Haarsieb streichen. Eigelbe mit dem Zucker schaumig schlagen. Den Quark und danach das Erdbeerpüree unter die Eigelbmasse rühren. Den Backofen auf 150 Grad vorheizen. Eiweiß steif schlagen und unter die Masse heben. Vier Soufflé-Förmchen einfetten und die Erdbeermasse einfüllen.
- Die Förmchen in eine Fettpfanne stellen und die Fettpfanne 1 cm hoch mit heißem Wasser füllen. Die Erdbeersoufflés im Wasserbad etwa 20 Min. backen. Die Soufflés herausnehmen, mit Puderzucker bestäuben und heiß servieren.

Erdbeer-Cranberry-Marmelade

Unbedingt probieren!

▶ Für etwa 6 Gläser je 200 ml
gelingt leicht
20 Min. + 8 Stunden Einweichzeit

100 g getrocknete Cranberrys · 200 ml Apfelsaft · 800 g Erdbeeren · 500 g Gelierzucker 2 : 1 · 1 Päckchen Zitronensäure

- Cranberrys fein hacken und über Nacht in Apfelsaft einweichen. Die Erdbeeren waschen, putzen und klein schneiden. Erdbeeren, Cranberrys samt Apfelsaft, Gelierzucker und Zitronensäure in einen großen Kochtopf geben und gut verrühren. Alles unter Rühren bei starker Hitze zum Kochen bringen und unter ständigem Rühren mindestens 5 Min. sprudelnd kochen.
- Die Marmelade randvoll in vorbereitete Twist-off-Gläser füllen. Mit Schraubdeckeln verschließen, die Gläser auf den Kopf stellen und etwa 5 Min. auf dem Deckel stehen lassen.

Erdbeer-Kokos-Kuchen

Bitte ein zweites Stück!

▶ **Für 20 Stücke**
gut vorzubereiten
1 Stunde + 20 Min. Backzeit

125 g Butter · 50 ml Kokoscreme · 200 g Zucker · 3 Eier · 200 g Mehl · ½ Päckchen Backpulver · 2 Blatt Gelatine · 400 g Sahne · 2 Päckchen Vanillezucker · 50 g Kokosflocken · 1,5 kg Erdbeeren · 2 Päckchen Tortenguss

- Den Backofen auf 180 Grad vorheizen. Butter, Kokoscreme und 150 g Zucker schaumig schlagen. Eier unterrühren. Mehl und Backpulver mischen und unterrühren. Ein Backblech mit Backpapier auslegen und darauf den Teig verteilen. Im Backofen etwa 20 Min. backen. Herausnehmen und auskühlen lassen.
- Gelatine in kaltem Wasser einweichen. Sahne mit Vanillezucker steif schlagen. Gelatine ausdrücken, erhitzen und unter die Sahne heben. Sahne auf dem Kuchenboden verteilen und kalt stellen. Kokosflocken ohne Fett rösten. Erdbeeren waschen, putzen und auf der Sahne verteilen. Den Tortenguss mit dem restlichen Zucker und Wasser zubereiten. Über den Erdbeeren verteilen, fest werden lassen und die Kokosflocken darüberstreuen.

▶ Ente mit Orangenrotkohl und karamellisierten Kartoffeln (Seite 101)

Wochenende – gemütliches Essen mit viel Zeit

Herrlich, es ist Wochenende und man kann mal einen Gang runterschalten. Wenn Sie das Wochenende relaxed angehen wollen, ist vielleicht ein Kochevent ein willkommenes Abenteuer für Ihre Familie.

Einkaufen auf dem Wochenmarkt

Die bunten Stände auf dem Wochenmarkt mit einer großen Auswahl an Obst und Gemüse oder den Kartoffel- oder Apfelstand, der verschiedenste regionale Sorten anbietet, finden meist auch Kinder interessant. Die Preise auf Wochenmärkten sind zwar in der Regel etwas höher als im Discounter oder Supermarkt, doch für die besondere Atmosphäre zahlt man gerne ein bisschen mehr. Und nicht alles ist teurer. Es lohnt sich, die Preise zu vergleichen. So findet man saisonale und regionale Ware meist zu ähnlichen Preisen wie im Supermarkt. Sinnvoll ist es, Stammkunde zu werden, denn meistens bekommen Kinder dann ein Stück Obst zum Probieren. Damit wird der Markt positiv bei Kindern verankert.

Besuch eines Hofladens

Am Wochenende lässt sich ebenfalls der Einkauf auf einem Bauernhof planen. In den Hofläden finden Sie zu einem hohen Prozentsatz nur frische Erzeugnisse aus eigener Herstellung. Neben Obst und Gemüse können Sie je nach Betrieb auch Milch und Käse, Fleisch und Eier sowie auch Marmelade oder Nudeln aus eigener Herstellung kaufen. Bei einigen Betrieben bekommen Sie einen Einblick in die Produktion. Sie können die Kühe, Schafe oder auch Ziegen im Stall oder auf den Weiden sehen. Mit etwas Glück und natürlich mit vorherigem Einholen einer Erlaubnis lässt sich dann auch mal ein Tier streicheln. Je näher Kinder an den Ursprungsort der Entstehung von Lebensmitteln kommen, umso höher wird die Wertschätzung für Lebensmittel sein. Auch wenn Sie nicht Ihren ganzen Einkauf mit regionalen Produkten vom Bauernhof oder Wochenmarkt tätigen, so kann ein kleiner Anteil in dem Ernährungsbewusstsein Ihrer Kids viel Gutes bringen. Und das vermutlich auch sehr nachhaltig.

Rollentausch

Das Wochenende ist auch prima für einen Rollentausch geeignet. Wenn in der Woche immer Mama kocht, dann darf am Wochenende auch der Vater den Kochlöffel in der Küche schwingen. Wenn beide Elternteile kochen, dann ist besonders für Söhne das Interesse am Kochen größer. Wenn Sie einen Sohn haben, dann sollten Sie das mal ausprobieren. Sie werden staunen und vielleicht finden Vater und Sohn Spaß am gelegentlichen Kochen.

Sonntagsbraten und Co.

Am Wochenende können die meisten Familien gemeinsam auch das Mittagessen genießen. Viele Papas möchten dann nicht unbedingt schnelle Reispfannen oder Pastagerichte. Bei den Vätern ist oft die deutsche Küche beliebt. Sie freuen sich über Rouladen, Sonntagsbraten oder Geflügel. Das typische Drei-Komponenten-Essen Fleisch, Gemüse, Kartoffeln ist angesagt. Wenn Sie gerne kochen, sollten Sie auf die Wünsche des Familienoberhaupts eingehen. Zum einen lernen die Kids noch mal andere Gerichte kennen und für Sie selbst ist es auch eine willkommene Abwechslung zu den Blitzgerichten in der Woche.

Oma kocht

Wer seine Eltern und Schwiegereltern in der Nähe wohnen hat und sonntags zum Mittagessen eingeladen wird, sollte dies ausnutzen. Egal mit wie viel Sahne und guter Butter die Oma kocht. Sie sollten das Angebot nicht ausschlagen, denn es schafft für Sie einen kochfreien Sonntag. Und wenn Sie meinen, dass Omas sonntägliches 3-Gänge-Menü zu kalorienreich ist, dann sprechen Sie mit ihr ab, dass Sie das Dessert oder die Vorspeise mitbringen.

Putenbrust mit Schalotten

Mit fein-sahnigem Wirsinggemüse und Knödeln

▶ Für 6 Personen

gut vorzubereiten ⏲ 2 Stunden

500 g Schalotten · 1,5 kg Putenbrust · 4 EL Honig · 2 EL Senf · Salz · Pfeffer · 3 EL Rapsöl · 400 ml Hühnerbrühe · 200 ml Portwein · 6 Brötchen vom Vortag · 300 ml Milch · ½ Bund Petersilie · 3 Eier · Muskat · 1 Wirsing · 1 EL Butter · 100 g Sahne · 100 g Frischkäse · 3 EL geriebener Parmesan · 2 EL Balsamicoessig

- Den Backofen auf 180 Grad (Umluft 160 Grad) vorheizen. Schalotten abziehen und halbieren. Die Putenbrust waschen und trocken tupfen. 3 EL Honig mit Senf, Salz und Pfeffer verrühren. Den Braten damit bestreichen. 1 EL Öl in einem Bräter erhitzen und die Putenbrust von allen Seiten anbraten. Brühe und Portwein angießen und im Ofen 1 Stunde garen.
- Inzwischen die Brötchen klein schneiden. Die Milch erwärmen und damit die Brötchen begießen und ziehen lassen. Die Petersilie waschen, zupfen und fein hacken. Die Eier zu der Brötchenmasse geben. Mit Petersilie, Salz, Pfeffer und Muskat würzen. Aus der Masse 12 Knödel formen und in kochendem Salzwasser etwa 15 Min. gar ziehen lassen.
- Den Wirsing putzen, halbieren, den Strunk entfernen und in Streifen schneiden. Anschließend waschen und abtropfen lassen. Die Butter und das restliche Öl in einem Topf erhitzen und den Wirsing tropfnass dazugeben. Salzen und pfeffern und etwa 3 Min. unter Rühren anbraten. Dann die Sahne und den Frischkäse einrühren. Zum Schluss mit Parmesan bestreuen.
- Den Braten in Scheiben schneiden. Die Sauce mit Honig, Balsamicoessig, Salz und Pfeffer abschmecken. Putenbrust mit Knödel und Wirsinggemüse servieren.

Sauerbraten

Mit Rotwein wird er besonders mild.

▶ Für 4 Personen

gut vorzubereiten ⏲ 2 Stunden + 2 Tage Marinierzeit

Für die Sauerbratenmarinade:

2 Möhren · 1 Stange Lauch · 2 Zwiebeln · 1 Gewürznelke · 2 Lorbeerblätter · 1 TL Pfefferkörner · 1 TL Senfkörner · 1 TL Pimentkörner · 1 TL Wacholderbeeren · ½ l Rotwein · ¼ l Rotweinessig

Für das Fleisch:

1 kg Rinderschmorbraten aus der Schulter · Salz · Pfeffer · 3 EL Rapsöl · 2 TL Speisestärke · 1 TL Zucker

- Möhren waschen, schälen und klein schneiden. Lauch putzen, waschen und grob zerkleinern. Zwiebeln abziehen und klein schneiden. Vorbereitetes Gemüse mit den Gewürzen, Rotwein und Rotweinessig in eine Schüssel füllen. Fleisch hineinlegen – darauf achten, dass das Fleisch ganz bedeckt ist. Zugedeckt in den Kühlschrank stellen. Das Fleisch mindestens über Nacht, besser 2 Tage darin marinieren.
- Das Fleisch aus der Marinade nehmen, gut trocken tupfen, salzen und pfeffern. Öl in einem Bräter erhitzen und das Fleisch darin rundherum anbraten. Das Gemüse aus der Marinade hinzugeben und die Marinade angießen. Alles zugedeckt bei reduzierter Hitze 1¼ Stunden schmoren lassen. Das Fleisch ab und zu wenden.
- Den Braten herausnehmen, in Alufolie einschlagen und im Backofen bei 50 Grad warm halten. Die Sauce etwa auf die Hälfte einkochen lassen. Durch ein Haarsieb gießen. Speisestärke mit etwas kaltem Wasser auflösen und in die Sauce rühren. Einmal aufkochen lassen. Zum Schluss die Sauce mit Salz, Pfeffer und etwas Zucker abschmecken.

▶ **Das passt dazu:**

Zum Sauerbraten passen selbst gemachte Spätzle. 500 g Mehl, 6 Eier, 200 ml Milch und 20 g flüssige Butter verrühren, bis der Teig Blasen wirft. Mithilfe einer Spätzlepresse in reichlich kochendes Salzwasser geben.

Ente mit Orangenrotkohl und karamellisierten Kartoffeln

Winterliches Gericht für besondere Tage (Foto S. 99)

- Den Backofen auf 200 Grad (Umluft 180 Grad) vorheizen. Die Ente unter fließendem Wasser gründlich waschen, trocken tupfen, innen und außen salzen und pfeffern. Innen mit etwas Thymian einreiben. Flügel und Beine mit Küchengarn am Körper festbinden. Zwiebeln abziehen und fein hacken. Möhre putzen und zerkleinern. Lauch waschen, putzen und in grobe Ringe schneiden.
- Brühe, Wein, Zwiebeln und Gemüse in den Bräter geben und die Ente mit der Brustseite nach unten in die Flüssigkeit setzen. Zugedeckt etwa 1 Stunde im Ofen garen. Nach etwa 40 Min. die Ente umdrehen. Anschließend 3 EL Bratenfond mit 2 EL Honig verrühren. Die Ente in die Ausgangslage zurücklegen und mit der Honigmasse bestreichen. Weitere 40 Min. ohne Deckel braten.
- Vom Rotkohl die äußeren Blätter entfernen, den Kohlkopf vierteln, den Strunk entfernen. Den Kohl fein hobeln, waschen, mit Salz und Essig etwa 30 Min. marinieren. Zwiebel abziehen und fein hacken, dann in 1 EL Butter andünsten. Den Rotkohl darin anschmoren. Den Wein angießen, die Gewürze dazugeben und etwa 45 Min. im geschlossenen Topf schmoren lassen.
- 2 Orangen filetieren und die Filetstücke halbieren oder vierteln. Lorbeerblatt und Zimtstange entfernen. Die Orangenstücke unter den Rotkohl heben. Das Ganze mit der Hälfte des Orangensafts, Zucker, Salz und Pfeffer abschmecken.
- Die Kartoffeln gründlich waschen und als Pellkartoffeln in Salzwasser etwa 20 Min. gar kochen. Kartoffeln abdampfen lassen und pellen. Butter auf 2 beschichtete Pfannen verteilen und schmelzen lassen, die Kartoffeln darin schwenken. Je 1 EL Zucker darüberstreuen und die Kartoffeln karamellisieren lassen.
- Die Ente aus den Bräter nehmen und zurück in den Ofen warm stellen. Sauce durch ein Sieb gießen, mit Küchenkrepp entfetten. Den Bratenfond aufkochen, die Stärke mit dem übrigen Orangensaft anrühren, die Sauce damit andicken. Mit Sahne, Salz, Pfeffer und eventuell etwas Honig abschmecken. Die letzte Orange als Dekoration verwenden. Die Ente mit Kartoffeln, Rotkohl und Sauce servieren.

▶ Für 6 Personen

anspruchsvoll 3 Stunden

Für die Ente:

1 küchenfertige Ente (ca. 2,5 kg)
Salz
Pfeffer
1 – 2 TL getrockneter Thymian
2 Zwiebeln
1 Möhre
1 Stange Lauch
¼ l Hühnerbrühe
100 ml Rotwein
3 EL flüssiger Honig
2 EL Stärke
100 g Sahne

Für den Rotkohl:

1 Kopf Rotkohl
100 ml Rotweinessig
1 Zwiebel
1 EL Butter
4 Gewürznelken
1 Lorbeerblatt
1 Stange Zimt
250 ml Rotwein
Saft von 2 Orangen
3 unbehandelte Orangen
3 EL Zucker
Salz
Pfeffer

Für die Kartoffeln:

1 kg kleine Kartoffeln
3 EL Butter
2 EL Zucker

gut
gut
1. April

Kalbsrouladen

Damit wickeln Sie Ihre Familie um den Finger.

▶ Für 4 Personen

geht schnell ⏲ 20 Min. + 25 Min. Garzeit

je 1 rote und gelbe Paprikaschote · 2 Zwiebeln · 2 Knoblauchzehen · 4 EL Olivenöl · 400 g gehackte Tomaten (Dose) · 1 EL Zucker · Salz · Pfeffer · 8 kleine dünne Kalbsschnitzel · ¼ Bund glatte Petersilie · ¼ Bund Basilikum · 1 Bund Frühlingszwiebeln · 30 g geriebener Parmesan · 150 ml Fleischbrühe

- Paprika putzen, waschen, eine halbe rote Paprikaschote beiseitelegen. Den Rest in feine Streifen schneiden. Zwiebeln und Knoblauch abziehen, Zwiebeln in Spalten und Knoblauch in Scheiben schneiden. 2 EL Olivenöl in einer beschichteten Pfanne erhitzen, Paprika, Zwiebeln und Knoblauch darin weich dünsten. Tomaten hinzufügen. Mit Zucker, Salz und Pfeffer würzen und etwa 15 Min. köcheln lassen.
- Inzwischen die halbe Paprikaschote fein würfeln. Die Schnitzel waschen und trocken tupfen. Kräuter waschen, zupfen und grob hacken. Die Frühlingszwiebeln putzen, waschen und fein hacken. Zusammen mit den Kräutern, den Paprikawürfeln, dem Parmesan in einen Mixer geben und pürieren. Die Masse auf die Schnitzel streichen. Die Schnitzel aufrollen und mit Spießen befestigen.
- Das restliche Öl in einer weiteren Pfanne erhitzen, die Röllchen von allen Seiten braten. Die Brühe angießen und bei geschlossenem Deckel etwa 8 Min. köcheln lassen. Die Kalbsrouladen mit dem Paprikagemüse servieren.

▶ Das passt dazu:

Zu den Kalbsrouladen mit Paprikagemüse passt Reis.

◀ Kalbsrouladen

Brathähnchen im Kartoffelbeet

Komplett aus dem Ofen!

▶ Für 6 Personen

gelingt leicht ⏲ 1 Stunde

2 küchenfertige Brathähnchen · Salz · Pfeffer · Paprikapulver · 2 Knoblauchzehen · je 2 Thymian- und Rosmarinzweige · 1,5 kg Drillinge · 5 EL Olivenöl · 2 Zwiebeln · 3 Paprikaschoten · 2 Zucchini · 1 TL Thymian

- Den Backofen auf 200 Grad (Umluft 180 Grad) vorheizen. Brathähnchen waschen, trocknen und innen und außen mit Salz, Pfeffer und Paprika einreiben. Knoblauch abziehen und fein hacken. Kräuter waschen und zusammen mit dem Knoblauch in die Hähnchen legen. Die Fettpfanne einfetten und die Hähnchen mit der Brust nach oben daraufsetzen und in den Backofen geben. Die Hähnchen insgesamt 1 Stunde garen.
- Kartoffeln gründlich waschen und in Salzwasser etwa 10 Min. kochen, abgießen, mit 3 EL Olivenöl vermengen und zu den Hähnchen in die Fettpfanne geben. Zwiebeln abziehen und in Achtel schneiden. Paprika und Zucchini waschen, putzen und in mundgerechte Stücke schneiden. Zwiebeln, Paprika und Zucchini mit dem restlichen Öl vermengen. Mit Salz und Thymian würzen und zu den Kartoffeln geben. Sie sollten mindestens 20 Min. mitgaren.

Tipp

Während Sie den Ofen öffnen, um weitere Zutaten hinzuzufügen, sollten Sie die Hähnchen mit Öl einpinseln und beim zweiten Öffnen die Hähnchen umdrehen.

Fondue und Raclette

Gemeinsam am Tisch brutzeln und braten ist für alle ein großer Spaß. Klassisches Fleischfondue oder kunterbuntes Raclette. Saucen und Salatbeilagen sind eine wichtige Nebensache, die auf keinen Fall fehlen sollte.

So wird's ein gelungener Abend

- Pro Person mit ca. 150 bis 200 g Fleisch rechnen.
- Wer Gemüse, Fisch, Hackbällchen oder andere weiche Zutaten garen möchte, sollte dafür kleine Metallsiebe im Asialaden oder im Haushaltsgeschäft besorgen.
- Fondue mit Fleischbrühe ist fettarm und macht das Fleisch schön würzig. Fürs Fondue mit Fett eignet sich geschmacksneutrales Rapsöl.
- Den Fonduetopf nur bis zur Hälfte füllen, damit die heiße Flüssigkeit nicht herausspritzt oder gar überkocht.
- Fett oder Brühe auf dem Herd erhitzen, bevor sie auf das Rechaud gestellt werden. Die richtigen Temperaturen: 180 Grad fürs Fettfondue, 100 Grad fürs Brühefondue.
- Beim Brühefondue das Fleisch in dünne Scheiben schneiden, bei Fettfondue dürfen es Fleischwürfel sein.
- Elektrofondues und -raclettes sind besonders für Familien mit Kids zu empfehlen. Ansonsten sind Rechauds mit Brennpasten der gängige Standard.
- **Achtung:** Verbrennungsgefahr: das Raclette- oder Fonduegerät, die Pfännchen sowie der Topf und auch das Öl darin werden sehr heiß!
- Beim Fettfondue besonders darauf achten, dass kein Fett ins Rechaud tropft und sich entzündet. Fettfondue niemals unbeaufsichtigt lassen!
- Falls es trotz allem anfängt zu brennen, auf keinen Fall versuchen, das Feuer mit Wasser zu löschen, sondern die Flammen ersticken.

Bananen-Curry-Dip

Superschnell zubereitet

▶ Für 4 Personen
gelingt leicht ⏲ 5 Min.

2 große Bananen · 4 EL Orangensaft · 2 TL Currypulver · ½ TL Salz · 1 Msp. Zimt · 100 g Salatmayonnaise

- Die Bananen schälen und mit einer Gabel zu Mus drücken. Mit Orangensaft beträufeln und unterarbeiten. Currypulver, Salz und Zimt zusammen mit der Mayonnaise unter das Bananenmus rühren.

▶ Das passt dazu:
Der Dip passt zu Fleisch- und Fischfondue sowie Raclette mit Fleisch und Fisch.

Erdnussdip

Kann süchtig machen!

▶ Für 4 Personen
preisgünstig ⏲ 5 Min.

200 g ungesalzene geröstete Erdnüsse · 1 TL Salz · 2 EL Zitronensaft · 200 ml Milch · 1 EL brauner Zucker · einige Spritzer Tabasco

- Die Erdnüsse zusammen mit Salz, Zitronensaft und Milch in ein hohes Gefäß oder Mixer geben. Mit dem Pürierstab oder Mixer pürieren. Mit Zucker, Tabasco und Salz abschmecken.

▶ Das passt dazu:
Schmeckt gut auf geröstetem Brot.

Hackfleischbällchen-Fondue

Beliebt bei Groß und Klein

▶ Für 4 Personen
gut vorzubereiten ⏲ 20 Min.
50 g Hartweizengrieß · 6 EL Sherry · 4 EL Pinienkerne · 1 Zwiebel · 1 Knoblauchzehe · 50 g entsteinte, schwarze Oliven · 800 g Rinderhackfleisch · Salz · 1/4 TL gemahlener Kreuzkümmel · 4 EL Mehl · 750 ml Olivenöl

- Grieß mit Sherry in einer Schüssel vermischen und etwa 10 Min. quellen lassen. Inzwischen die Pinienkerne ohne Zugabe von Fett in einer beschichteten Pfanne rösten. Zwiebel und Knoblauch abziehen und beides sehr fein hacken. Die Oliven ebenfalls fein hacken.
- Hackfleisch mit Pinienkernen, Zwiebel, Knoblauch, Oliven und Grießmasse in eine Schüssel geben. Mit Salz und Kreuzkümmel würzen. Alles gut miteinander vermengen. Daraus mit leicht angefeuchteten Händen walnussgroße Fleischbällchen formen. Die Bällchen im Mehl wenden und dann nebeneinander auf eine Servierplatte legen.
- Das Öl in einem Fonduetopf auf der Herdplatte erhitzen. Der richtige Moment, um es auf das heiße Rechaud zu setzen, ist, wenn das Öl ganz still ist und eben zu rauchen beginnt. Die Hackfleischbällchen mit der Fonduegabel aufspießen und im heißen Öl knusprig braten.

▶ Das passt dazu:
Neben den beiden Dips passen Salate und Baguette oder Ciabatta dazu.

Früchte-Raclette

Etwas für Naschkatzen!

▶ Für 4 Personen
gut vorzubereiten ⏲ 15 Min.
1 Mango · 2 große Bananen · Saft von 1 Zitrone · 100 g Vollmilchschokolade · 100 g Kokosraspel

- Die Mango schälen und das Fruchtfleisch vom Stein schneiden. Das Fruchtfleisch fein würfeln. Die Bananen schälen und in Scheiben schneiden. Beides in eine Schüssel geben und mit dem Zitronensaft beträufeln.
- Die Vollmilchschokolade fein raspeln und mit den Kokosflocken mischen. In ein Schälchen geben und zusammen mit den Früchten zum Raclettegerät stellen. Das Raclettegerät aufheizen. Obst in die Raclettepfännchen geben und mit der Schoko-Kokosraspel-Mischung bestreuen. Die Pfännchen unter die Heizspirale schieben und dabei die Schokolade schmelzen lassen.

▶ Variante:
Je nach Vorlieben der Kinder und Jahreszeit können Sie natürlich auch anderes Obst verwenden. Statt Kokosflocken schmecken auch gehackte Mandeln gut.

Schwein lass sein

Wenn in Ihrer Familie jemand kein Fleisch isst, dann sollten Sie einen Kompromiss erarbeiteten, an welchen Tagen fleischlos gekocht wird. Zwei fleischfreie Tage sind ohne Zweifel gesund. Es wird immer wieder vor einem zu hohen Fleischverzehr gewarnt und wir essen im Vergleich zu vorangegangen Generationen Berge an Fleisch.

Vegetarische Kost bei Kids

Von heute auf morgen erklärt Ihr Kind Ihnen, dass es ab jetzt kein Fleisch mehr isst. Das kommt nicht sehr häufig vor: etwa 3 % aller Kinder unter 18 Jahren entscheiden sich für eine vegetarische Ernährung. Sie tun dies meist aus Überzeugung, denn Ihnen tun die Tiere leid. Vegetarier sind laut Studien nicht unbedingt schlechter mit Nährstoffen versorgt als der Rest der Bevölkerung. Fleisch liefert neben Eiweiß vor allem Eisen, Zink, Selen, B-Vitamine und ist eine wichtige Vitamin-B_{12}-Quelle. Wenn Ihr Kind einen gesunden Eindruck auf Sie macht, dann scheint auch kein Nährstoffmangel vorzuliegen, denn auch vegetarische Produkte enthalten diese Nährstoffe und viele Lebensmittel sind heute mit Vitaminen und Mineralstoffen angereichert. Wichtig ist, dass abwechslungsreich gegessen wird und auch Vollkornprodukte dazugehören. Denn in Vollkornbrot und Müsli finden sich ebenfalls Eisen, Zink und Selen. Wer Vitamin-C-reiche Lebensmittel mit eisenreichen pflanzlichen Lebensmitteln kombiniert, unterstützt die Eisenaufnahme. Also etwas Orangensaft unter das Müsli oder Paprikastreifen zum Vollkornbrot und schon wird das Eisen besser verwertet. Gute B-Vitamin-Lieferanten sind Vollkornprodukte darüber hinaus, und das, was fehlt, wird durch Eier und Milchprodukte ergänzt.

Hirse – eine mögliche Alternative zum Fleisch

Hirse enthält vor allem Eisen und wird daher besonders Vegetariern empfohlen. Wie jedes Getreide enthält es komplexe Kohlenhydrate und hochwertiges Eiweiß. Darüber hinaus liefert sie verschiedene Vitamine: Vitamin B_1, Vitamin B_2, Niacin, Pantothensäure, Vitamin B_6, Biotin und Folsäure. Neben Eisen ist Hirse reich an Kalium, Magnesium und Fluor. Sie können Hirse wie Reis kochen oder auch leckere Puffer backen.

Quinoa

Die runde Saat wird auch als »Reis der Indianer« bezeichnet. Und da bei Grundschulkindern Indianer so beliebt sind, finden es viele Kids toll, das Gleiche wie Indianer zu essen. Das runde Korn lässt sich wie Reis zubereiten. Es hat eine leicht nussige Note, sodass es auch ohne Sauce mit ein wenig Butter ausgezeichnet schmeckt. Da es sich um das volle Korn handelt, ist es reich an Ballaststoffen sowie Mineralstoffen und Vitaminen. Und somit handelt es sich bei Quinoa um eine gesunde Portion Energie.

Grünes Gemüse

Nicht nur Spinat, sondern auch Mangold, Brokkoli, Bohnen, Fenchel und Wirsing enthalten Eisen. Zwar nicht in den Mengen wie Fleisch, doch wer auf Fleisch verzichtet, sollte darauf achten, dass er nicht nur Tomaten und Paprika isst. Auch Rote Bete ist ein eisenreiches Gemüse.

Hülsenfrüchte

Hülsenfrüchte enthalten viel hochwertiges Eiweiß und zusammen mit einer Vitamin-C-Quelle wird das Eisen ebenfalls relativ gut verwertet. Also, essen Sie z. B. Kichererbsen zusammen mit Paprika, Linsen mit Kartoffeln oder Erbsen mit einem Glas Orangensaft.

Nüsse und Samen

Auch wenn sie etwa zu 50 % aus Fett bestehen, hilft der Verzehr von 2 Esslöffeln Nüssen oder Samen, die Eisenversorgung zu verbessern. So können Sie gerösteten Sesam oder Sonnenblumenkerne über Salate geben. Und Nüsse als Pausensnack in die Brotbox geben. Das kommt bestimmt an.

▶ Gefüllte Paprikaschoten (Seite 110)

Brokkoli-Linsen-Eintopf

Schnell, preiswert und bunt

▶ Für 4 Personen
gelingt leicht
10 Min. + 10 Min. Garzeit

2 Knoblauchzehen · 1 Stange Lauch · 1 Fleischtomate · 1 EL Olivenöl · 1 l Gemüsebrühe · 500 g tiefgekühlter Brokkoli · 100 g Suppennudeln · 50 g rote Linsen · Salz · Pfeffer · 4 EL Frischkäse · 4 EL Schnittlauchröllchen

- Knoblauch abziehen und in feine Scheiben schneiden. Lauch waschen, putzen und in Ringe schneiden. Tomate waschen, putzen und die Kerne entfernen und das Fruchtfleisch in Würfel schneiden. Öl in einem Topf erhitzen und den Knoblauch und Lauch darin andünsten. Die Brühe angießen. Dann die Tomatenwürfel, Brokkoliröschen, Nudeln und Linsen dazugeben. Das Ganze zum Kochen bringen und bei reduzierter Hitze etwa 10 Min. köcheln lassen.
- Den Brokkoli-Linsen-Eintopf mit Salz und Pfeffer abschmecken, den Frischkäse einrühren und mit den Schnittlauchröllchen bestreuen.

▶ Variante:
Anstelle von Brokkoli können Sie auch Prinzessbohnen verwenden.

Spinat-Pasta

Nicht nur Popeye wäre begeistert!

▶ Für 4 Personen
geht schnell 20 Min.

800 g Blattspinat · 4 Tomaten · 500 g Penne · Salz · 1 Zwiebel · 2 Knoblauchzehen · 1 TL Butter · 1 EL Olivenöl · 100 g Sahne · 100 g Doppelrahmfrischkäse · Pfeffer

- Spinat waschen, putzen und in Salzwasser 30 Sekunden blanchieren. Kalt abschrecken und beiseite stellen. Tomaten über Kreuz einschneiden, mit kochend heißem Wasser übergießen, abschrecken und mit einem Messer häuten. Die Tomaten entkernen und in mundgerechte Stücke schneiden.
- Die Nudeln nach Packungsanweisung in leicht gesalzenem Wasser bissfest garen. Zwiebel und Knoblauch abziehen und fein hacken. Butter und Öl in einer beschichteten Pfanne erhitzen, Zwiebeln und Knoblauch darin glasig dünsten. Die Sahne angießen. Den Frischkäse einrühren, Spinat und Tomatenstücke unterheben und das Ganze 1-mal aufkochen. Salzen und pfeffern. Nudeln abgießen und das Gemüse mit den Nudeln vermengen.

Polenta mit Möhren-Wirsing-Gemüse

Löffeln, wenn die Kraft zum Kauen fehlt.

▶ Für 4 Personen
gelingt leicht 25 Min.

600 g Möhren · 1 Zwiebel · 3 EL Butter · 2 Thymianzweige · Salz · Pfeffer · 150 g Wirsing · 800 ml Milch · 150 g Polenta · 100 g Bergkäse

- Möhren waschen, putzen, schälen, längs halbieren und in 3 cm lange Stifte schneiden. Zwiebel abziehen, halbieren und in dünne Streifen schneiden. Die Möhren mit den Zwiebeln in 1 EL Butter und 100 ml Wasser etwa 10 Min. dünsten. Den Thymian hinzufügen, mit Salz und Pfeffer würzen. Wirsing waschen, Blätter vom Strunk lösen und in fingerdicke Streifen und dann in Quadrate schneiden. Den Wirsing zu den Möhren geben und etwa 2–5 Min. dünsten.
- Milch aufkochen, Polenta einrühren und quellen lassen. Den Käse auf einer Reibe reiben und zu zwei Dritteln unterrühren. Restliche Butter hellbraun aufschäumen lassen. Polenta auf den Tellern verteilen. Mit etwas brauner Butter beträufeln. Gemüse dazu anrichten und alles mit Käse bestreuen.

Kichererbsen-Eintopf

Findet immer seine Abnehmer.

▶ Für 4 Personen
geht schnell
10 Min. + 20 Min. Garzeit

200 g tiefgekühlte Erbsen · 1 Bund Suppengemüse · 1 Zwiebel · 3 Knoblauchzehen · 1 Stück Ingwer (2 cm) · 1 EL Rapsöl · 1 EL Currypulver · 700 ml Gemüsebrühe · 1 Dose Kichererbsen · 1 Dose stückige Tomaten (400 g) · Salz · Pfeffer

- Die Erbsen antauen lassen. Das Suppengemüse waschen, putzen und schälen. Die Zwiebel und den Knoblauch abziehen. Den Ingwer schälen. Alles mit Ausnahme der Erbsen sehr fein würfeln. Rapsöl in einem Topf erhitzen, alle gewürfelten Zutaten darin anbraten. Mit Curry bestäuben. Die Brühe angießen und das Ganze etwa 15 Min. köcheln lassen.
- Kichererbsen abgießen, abspülen und auf einem Sieb abtropfen lassen. Zusammen mit den Erbsen und den stückigen Tomaten zum Gemüse geben. Das Ganze weitere 5 Min. köcheln lassen. Mit Salz und Pfeffer abschmecken und auf Suppenteller anrichten.

Tipp

Sie können auch Feta in Würfeln geschnitten zum Kichererbseneintopf reichen.

Spaghetti mit Linsen-Bolognese

Ein Klassiker mal vegetarisch

▶ Für 4 Personen
gut vorzubereiten
20 Min. + 20 Min. Garzeit

1 große Zwiebel · 1 Knoblauchzehe · 2 große Möhren · 150 g rote Linsen · 2 EL Olivenöl · 350 ml passierte Tomaten · 1 Dose Pizzatomaten (400 g) · 250 ml Gemüsebrühe · Salz · Pfeffer · 1 EL Zucker · 3 TL italienische getrocknete Kräuter · 400 g Vollkornspaghetti · ¼ Bund Basilikum

- Zwiebel und Knoblauch abziehen und fein hacken. Möhren putzen, schälen und grob raspeln. Das Öl in einer beschichteten Pfanne erhitzen, zunächst die Zwiebelwürfel glasig dünsten, dann die Möhrenraspel zufügen und einige Minuten mitbraten. Knoblauch und die roten Linsen zugeben und mit der Gemüsebrühe ablöschen.
- Passierte Tomaten, Tomatenstücke, Pfeffer, Salz, Zucker und die Kräuter einrühren und alles aufkochen lassen. Die Hitze reduzieren und die Sauce bei kleiner Hitze ca. 20 Min. köcheln lassen, zwischendurch umrühren. Nudeln nach Packungsanweisung bissfest garen. Basilikum hacken und unter die Bolognese mischen.

Gefüllte Paprikaschoten

Ohne Fleisch, jedoch sehr würzig (Foto S. 107)

▶ Für 4 Personen
gut vorzubereiten 40 Min.

3 rote Paprikaschoten · 200 g Bulgur · Salz · 1 Bund Frühlingszwiebeln · 1 Knoblauchzehe · 200 g Feta · ½ Bund Petersilie · Pfeffer · 500 ml Gemüsebrühe

- Den Backofen auf 200 Grad (Umluft 180 Grad) vorheizen. Paprika waschen, längs halbieren, putzen und 4 Hälften mit der Schnittfläche nach unten auf ein Backblech legen und 10 Min. im Ofen vorgaren. Bulgur nach Packungsanweisung in Salzwasser garen. Inzwischen übrige Paprika klein würfeln. Frühlingszwiebeln putzen, waschen, in Ringe schneiden. Knoblauch abziehen und fein hacken. Feta würfeln. Petersilienblättchen fein hacken.
- Gegarten Bulgur mit den vorbereiteten Zutaten mischen. Das Ganze mit Salz und Pfeffer würzen. Die Paprikahälften mit dem Bulgur-Mix füllen. Die Brühe erhitzen und in eine feuerfeste Form gießen, die Paprikahälften hineinsetzen und im Ofen etwa 10 Min. garen.

Griechische Ratatouille-Nudeln

Sommerliches Gericht für jeden Tag

▶ Für 4 Personen
gelingt leicht 25 Min.

1 Zwiebel · 1 Knoblauchzehe · 2 Zucchini · 1 Aubergine · 1 rote Paprikaschote · 400 g Tomaten · 320 g griechische reisförmige Nudeln (Kritharaki) · Salz · 2 EL Olivenöl · Pfeffer · Zucker · 4 EL gehobelter Parmesan

- Zwiebel und Knoblauch abziehen und fein würfeln. Zucchini und Aubergine putzen. Paprika vierteln und entkernen. Tomaten waschen und putzen. Gemüse fein würfeln. Nudeln in reichlich kochendem Salzwasser nach Packungsanweisung garen. 2 EL Öl in einer großen Pfanne erhitzen. Zwiebeln und Knoblauch darin andünsten. Zucchini, Auberginen und Paprika zugeben und 5 Min. mitdünsten. Tomaten unterheben und etwa 5 Min. mit garen. Gemüse mit Salz, Pfeffer und 1 Prise Zucker würzen.
- Nudeln abgießen und dabei 50 ml Nudelwasser auffangen. Nudeln und Nudelwasser mit dem Gemüse mischen und einmal aufkochen. Ratatouille-Nudeln mit Käse bestreut servieren.

Polenta-Gemüsetaler mit Auberginendip

Lust auf vegetarisch

▶ Für 4 Personen
gut vorzubereiten ⏲ 20 Min. + 30 Min. Garzeit
1 Zwiebel · 1 Knoblauchzehe · 2 Paprikaschoten · 1 Zucchini · 2 Auberginen · 5 EL Olivenöl · 500 ml Milch · 300 ml Gemüsebrühe · 300 g Polenta · Salz · Pfeffer · 50 g entsteinte, schwarze Oliven · 3 – 4 EL gehackte Kräuter · Saft von 1 Zitrone

- Den Backofen auf 200 Grad (Umluft 180 Grad) vorheizen. Zwiebel und Knoblauch abziehen und fein würfeln. Paprika und Zucchini waschen, putzen und ganz fein würfeln. Auberginen waschen, längs halbieren und den Stielansatz entfernen. Die Auberginenhälften auf ein eingefettetes Backblech setzen und im Backofen 15 Min. garen.
- Zwiebeln und Knoblauch in 1 EL Öl glasig dünsten. Milch und Brühe angießen. Zum Kochen bringen und die Polenta einrühren. Das Ganze unter Rühren aufkochen und etwa 10 Min. quellen lassen. Oliven in Ringe schneiden. In einer Pfanne Öl erhitzen, Paprika und Zucchini zusammen mit den Oliven darin 3 – 5 Min. anbraten. Salzen und pfeffern. Die Gemüsemischung zusammen mit den Kräutern unter die Polenta mischen. Die Polenta-Masse auf ein eingefettetes Blech streichen und abkühlen lassen.
- Die Auberginenhälften mit dem Zitronensaft pürieren. Mit Salz und Pfeffer abschmecken. Das übrige Öl in einer Pfanne erhitzen. Aus der Polenta Kreise stechen und diese im Öl von beiden Seiten braten. Mit dem Auberginendip servieren.

Grünkernbratlinge

Macht der Fleischbulette Konkurrenz.

▶ Für 4 Personen
gut vorzubereiten ⏲ 40 Min.
200 g Grünkernschrot · 500 ml Gemüsebrühe · 125 g Bergkäse · 1 Zwiebel · 2 Eier · Salz · Pfeffer · 50 g Vollkornmehl · 4 EL Rapsöl

- Schrot in Brühe aufkochen und 25 Min. quellen lassen. Den Käse reiben. Die Zwiebel abziehen und fein hacken. In die abgekühlte Schrotmasse Käse, Eier und Zwiebel geben und vermengen. Mit Salz und Pfeffer abschmecken. Etwas Mehl unter die Masse geben, damit sie besser bindet.
- Die Masse mit zwei Esslöffeln in das heiße Öl in einer beschichteten Pfanne setzen und von beiden Seiten braten.

▶ Variante:
Das Rezept funktioniert auch mit Hirse. Einfach den Grünkern gegen Hirse austauschen, die Hirse vor dem Garen allerdings in ein Sieb geben und mit heißem Wasser abspülen.

Nährstoff- und Vitamintabelle

Nährstoff	Vorkommen	Aufgaben	Aufgepasst!
Vitamin A + Beta-Carotin	Leber, Käse, Ei, tiefgelbes, orangefarbenes Gemüse (Möhren), grünes Blattgemüse, Brokkoli, Grünkohl, Pfirsich, Aprikose, Kaki	für Sehfähigkeit und Zellwachstum, gesunde Haut und Schleimhäute, starkes Immunsystem, schützt die Zellen (möglicherweise Schutz vor Krebs und Herzkreislauferkrankungen)	Beta-Carotin und Vitamin A wird am besten aus gekochten Lebensmitteln verwertet. Ein bisschen Fett braucht das Vitamin zur optimalen Aufnahme ebenfalls!
Vitamin D	Fettfische (Hering, Makrele, Lachs), Leber, Margarine, Eigelb	regelt Kalzium- und Phosphatstoffwechsel, Knochenbildung	Raus ins Freie, auch im Winter. UV-Licht regt die Vitamin-D-Produktion unter der Haut an!
Vitamin E	Hochwertige Pflanzenöle, Diätmargarine, Weizenkeime, Haselnüsse	Fettstoffwechsel, schützt Zellen und ungesättigte Fettsäuren vor Schädigung	Ohne Fett geht es nicht, denn Vitamin E tritt nur in Kombination mit Fett auf. Sonnenblumenöl ist reich an Vitamin E!
Vitamin K	Grünes Gemüse, Milch und Milchprodukte, Fleisch, Eier	Blutgerinnung und Knochenbildung	Die prophylaktische Vitamin K-Gabe ist mit dem 1. Lebensjahr abgeschlossen.
Vitamin B1	Schweinefleisch, Leber, Scholle, Thunfisch, Vollkornprodukte, Hülsenfrüchte, Sprossen, Kartoffeln	Energie- und Kohlenhydratstoffwechsel, Nervengewebe, Herzmuskel	Ein Vitamin-B1-Mangel ist bei unserem Nahrungsangebot bei Kindern unbekannt.
Vitamin B2	Milch und Milchprodukte, Fleisch, Fisch, Eier, Vollkornprodukte	Energie- und Eiweißstoffwechsel	Durch regelmäßiges Trinken von Milch ist die Versorgung mit Vitamin B2 gut.
Niacin	Fleisch, Innereien, Fisch, Milch, Eier, Getreideprodukte, Kartoffeln	Auf- und Abbau des Eiweißes Fettsäuren und Kohlenhydrate, Zellteilung	Kinder haben keinen erhöhten Bedarf. Diese Mengen schaffen sie locker.
Vitamin B6	Fleisch, Fisch, Kartoffeln, Kohl, grüne Bohnen, Feldsalat, Vollkornprodukte, Weizenkeime, Sojabohnen	Eiweißstoffwechsel, Blutbildung, Nerven- und Immunsystem	Hautentzündungen im Augen-, Nasen- und Mundbereich, Störungen von Nervenfunktionen, Anämie (Blutarmut)
Folsäure	Tomaten, Spinat, Kohlsorten, Gurken, Orangen, Weintrauben, Vollkornbackwaren, Weizenkeime, Kartoffeln, Fleisch, Leber, Milch, Milchprodukte, Eier, Sojabohnen	Zellteilung und -neubildung, Blutbildung, Eiweißstoffwechsel, Nervengewebe	Blutarmut, Schwangerschaftskomplikationen (Früh- und Fehlgeburt), Neuralrohrdefekt (offener Rücken) beim Neugeborenen
Pantothensäure	in allen Lebensmitteln vorhanden	Energiestoffwechsel	Auch dieses Vitamin müssen Sie nicht im Blick haben, da ein Mangel unwahrscheinlich ist.
Biotin	Leber, Sojabohnen, Eigelb, Nüsse, Haferflocken, Spinat, Champignons, Linsen	Fettstoffwechsel	Biotinmangel ist äußerst selten. Beim regelmäßigen Genuss von rohem Eiweiß tritt er auf!

Nährstoff	Vorkommen	Aufgaben	Aufgepasst!
Vitamin B 12	Leber, Fleisch, Fisch, Milch, Eier, Sauerkraut	Blutbildung, Abbau von Fettsäuren	Vegan ernährte Kinder sollten auf ihren B12-Gehalt regelmäßig vom Kinderarzt untersucht werden.
Vitamin C	Obst und Gemüse, schwarze Johannisbeeren, Erdbeeren, Zitrusfrüchte, Paprika, Brokkoli, Fenchel	Bildung von Bindegewebe, Wundheilung, Zellschutz	Bei regelmäßigen Obst- und Gemüsekonsum muss man sich keine Gedanken machen. Kartoffeln tragen übrigens entscheidend zur Vitamin C Versorgung bei!
Natrium und Chlorid	Salz, Wurst, Käse, Würzmittel, Brot, Salzgebäck, Fischkonserven, Mineralwasser	Gewebespannung, Wasserhaushalt, Chlorid ist Bestandteil der Magensäure und Natrium, aktiviert Enzyme	Man findet eher ein zuviel. Doch gar nicht salzen ist eine übertriebene und ungesunde Maßnahme!
Kalium	Bananen, Kartoffeln, Trockenobst, Spinat, Champignons	Gewebespannung, Reizweiterleitung, Wasserhaushalt	In Kartoffeln, Obst und Gemüse reichlich vorhanden.
Kalzium	Milch, Milchprodukte, Grünkohl, Fenchel, Brokkoli, Lauch, Hülsenfrüchte, Nüsse, Mineralwasser	Baustoff für Zähne und Knochen, Blutgerinnung, Reizweiterleitung im Nervensystem	Das regelmäßige Trinken von Milch und Essen von Milchprodukten ist die beste Prophylaxe für gesunde Knochen.
Phosphor	Leber, Fisch, Brot, Milch, Eier	Baustoff für Zähne und Knochen, für Energiebereitstellung und konstanten Säure-Basen-Haushalt	Da es in allen Lebensmittel vorhanden ist, gibt es kein zu wenig.
Magnesium	Vollkorngetreideprodukte, Milch und Milchprodukte, Leber, Geflügel, Fisch, Gemüse, Kartoffeln	aktiviert Enzyme, erregt Muskulatur, fördert Knochenmineralisierung	Kinder sind in der Regel ausreichend mit Magnesium versorgt.
Eisen	Fleisch, Wurst, Innereien, Spinat, Mangold, rote Beete, Vollkornprodukte, Hülsenfrüchte	Baustein des roten Blutfarbstoffs, Blutbildung, Sauerstofftransport, Bestandteil von Enzymen	Rotes Fleisch enthält mehr Eisen als weißes Fleisch. Pflanzliches Eisen wird in der Kombi mit Vitamin C reiches Obst oder Gemüse besser verwertet.
Jod	Seefisch, jodierts Speisesalz und damit hergestellt Lebensmittel (Brot, Wurst, Käse), Milch und Eier (bei entsprechender Fütterung)	beeinflusst als Bestandteil der Schilddrüsenhormone den Energieumsatz, das Wachstum und die Wärmeregulation	Unbedingt jodiertes Salz benutzen! Auch beim Kauf von Brot darauf achten, dass Jodsalz verwendet wird.
Fluorid	Schwarztee, Seefisch, fluoridiertes Salz, Zahnpasta	festigt die Knochen, härtet Zahnschmelz, beugt Karies vor	Fluoridiertes Salz und zusätzlich fluoridierte Kinderzahnpasta verwenden.
Zink	Fleisch, Eier, Milch, Käse, Hülsenfrüchte, Vollkornerzeugnisse, Nüsse	Aktiviert Enzyme und Hormone	Nüsse und Kerne sind bei einer vegetarischen Ernährung wichtige Zinklieferanten!

Saisonkalender Obst

Saison heimischer Lebensmittel
Lagerware heimischer Lebensmittel
Importware

Lebensmittel	JAN	FEB	MÄR	APR	MAI	JUN	JUL	AUG	SEP	OKT	NOV	DEZ
Ananas												
Äpfel								AUG	SEP	OKT	NOV	
Apfelbananen												
Apfelsinen												
Aprikosen							JUL	AUG				
Bananen												
Birnen								AUG	SEP	OKT	NOV	
Brombeeren							JUL	AUG	SEP			
Clementinen												
Cranberries												
Datteln												
Erdbeeren					MAI	JUN	JUL					
Granatäpfel												
Grapefruits												
Guaven												
Heidelbeeren							JUL	AUG				
Himbeeren						JUN	JUL	AUG	SEP			
Holunderbeeren									SEP	OKT		
Honigmelonen												
Johannisbeeren						JUN	JUL	AUG				
Kapstachelbeeren (Physalis)												
Khaki												
Kirschen						JUN	JUL	AUG				
Kiwis												
Kumquats												
Limetten												
Litchis												

Saison heimischer Lebensmittel
Lagerware heimischer Lebensmittel
Importware

Lebensmittel	JAN	FEB	MÄR	APR	MAI	JUN	JUL	AUG	SEP	OKT	NOV	DEZ
Mandarinen												
Mangos												
Maracujas												
Maronen												
Maulbeeren												
Mirabellen								AUG				
Nektarinen							JUL	AUG	SEP			
Orangen												
Pampelmusen												
Papayas												
Pfirsiche							JUL	AUG	SEP			
Pflaumen							JUL	AUG	SEP	OKT		
Preiselbeeren							JUL	AUG	SEP			
Quitten										OKT	NOV	
Rhabarber				APR	MAI	JUN						
Satsumas												
Sanddornbeeren									SEP	OKT	NOV	
Sharonfrucht												
Stachelbeeren						JUN	JUL					
Sternfrüchte												
Walnüsse										OKT	NOV	
Wassermelonen												
Weintrauben								AUG	SEP	OKT		
Zitronen												
Zwetschgen							JUL	AUG	SEP	OKT		

Saisonkalender Gemüse

Saison heimischer Lebensmittel
Lagerware heimischer Lebensmittel
Importware

Lebensmittel	JAN	FEB	MÄR	APR	MAI	JUN	JUL	AUG	SEP	OKT	NOV	DEZ
Auberginen						JUN	JUL	AUG	SEP			
Austernpilze	JAN	FEB	MÄR	APR	MAI	JUN	JUL	AUG	SEP	OKT	NOV	DEZ
Avocados												
Blumenkohl / Romanesco					MAI	JUN	JUL	AUG	SEP	OKT		
Brokkoli					MAI	JUN	JUL	AUG	SEP	OKT	NOV	
Champignons	JAN	FEB	MÄR	APR	MAI	JUN	JUL	AUG	SEP	OKT	NOV	DEZ
Chicorée	JAN	FEB	MÄR							OKT	NOV	DEZ
Chinakohl	JAN	FEB	MÄR	APR	MAI	JUN	JUL	AUG	SEP	OKT	NOV	DEZ
Eichbergsalat / Eisbergsalat					MAI	JUN	JUL	AUG	SEP	OKT	NOV	
Endiviensalat					MAI	JUN	JUL	AUG	SEP			
Erbsen, frisch						JUN	JUL	AUG				
Feldsalat	JAN	FEB								OKT	NOV	DEZ
Fenchel						JUN	JUL	AUG	SEP	OKT		
Friseesalat							JUL	AUG	SEP	OKT	NOV	DEZ
Frühlingszwiebeln					MAI	JUN	JUL	AUG	SEP	OKT		
Grüne Bohnen					MAI	JUN	JUL	AUG	SEP	OKT		
Grünkohl	JAN	FEB									NOV	DEZ
Gurken						JUN	JUL	AUG	SEP	OKT		
Kartoffeln						JUN	JUL	AUG	SEP	OKT		
Knoblauch				APR	MAI	JUN						
Knollensellerie							JUL	AUG	SEP	OKT	NOV	
Kohlrabi					MAI	JUN	JUL	AUG	SEP	OKT	NOV	
Kopfsalat / Lollo rosso					MAI	JUN	JUL	AUG	SEP	OKT		
Kräuterseitlinge (Zuchtpilze)	JAN	FEB	MÄR	APR	MAI	JUN	JUL	AUG	SEP	OKT	NOV	DEZ
Kresse			MÄR	APR	MAI	JUN	JUL	AUG	SEP			
Kürbis									SEP	OKT	NOV	
Lauch	JAN	FEB	MÄR	APR							NOV	DEZ
Löwenzahn			MÄR	APR	MAI							
Mangold					MAI	JUN	JUL	AUG	SEP	OKT	NOV	DEZ
Meerrettich									SEP	OKT	NOV	

Saison heimischer Lebensmittel
Lagerware heimischer Lebensmittel
Importware

Lebensmittel	JAN	FEB	MÄR	APR	MAI	JUN	JUL	AUG	SEP	OKT	NOV	DEZ
Möhren						JUN	JUL	AUG	SEP	OKT		
Paksoi (Pak Choi)												
Paprika							JUL	AUG	SEP	OKT		
Pastinaken	JAN	FEB	MÄR						SEP	OKT	NOV	DEZ
Petersilienwurzel									SEP	OKT		
Pfifferlinge						JUN	JUL	AUG	SEP	OKT	NOV	
Portulak (Postelein)	JAN	FEB	MÄR	APR	MAI	JUN	JUL	AUG	SEP	OKT	NOV	DEZ
Radicchio							JUL	AUG	SEP	OKT		
Radieschen				APR	MAI	JUN	JUL	AUG	SEP	OKT		
Rettich					MAI	JUN	JUL	AUG	SEP	OKT	NOV	
Rote Bete	JAN	FEB	MÄR	APR	MAI	JUN	JUL	AUG	SEP	OKT	NOV	DEZ
Rotkohl	JAN	FEB				JUN	JUL	AUG	SEP	OKT	NOV	DEZ
Rucola				APR	MAI	JUN	JUL	AUG	SEP	OKT	NOV	
Sauerampfer					MAI	JUN	JUL	AUG				
Schwarzer Rettich	JAN	FEB							SEP	OKT	NOV	DEZ
Schwarzwurzel										OKT	NOV	DEZ
Shiitake												
Spinat				APR	MAI	JUN	JUL	AUG	SEP	OKT	NOV	
Spitzkohl					MAI	JUN	JUL	AUG	SEP	OKT	NOV	
Stangensellerie						JUN	JUL	AUG	SEP	OKT	NOV	
Steckrüben										OKT	NOV	
Steinpilze						JUN	JUL	AUG	SEP	OKT		
Süßkartoffeln												
Teltower Rübchen										OKT	NOV	DEZ
Tomaten							JUL	AUG	SEP	OKT		
Topinambur	JAN	FEB	MÄR							OKT	NOV	DEZ
Weißkohl / Wirsing	JAN	FEB	MÄR	APR	MAI	JUN	JUL	AUG	SEP	OKT	NOV	DEZ
Zucchini						JUN	JUL	AUG	SEP	OKT		
Zwiebeln							JUL	AUG	SEP	OKT		

Rezept- und Zutatenverzeichnis

Stichwortverzeichnis